ERIKA CASPAREK-TÜRKKAN

Die tolle Knolle

DIE NEUE KARTOFFEL-DIÄT

unter Mitarbeit von Petra Casparek

Originalausgabe

WILHELM HEYNE VERLAG
MÜNCHEN

HEYNE KOCHBUCH
07/4611

Copyright © 1990
by Wilhelm Heyne Verlag GmbH & Co. KG, München
Printed in Germany 1990
Umschlaggestaltung: Atelier Ingrid Schütz, München
Umschlagfoto: Stefan Hagen, München
Innenfotos: Komplett-Büro, München (6);
NIVAA, Niederländisches Kartoffel- und Zwiebel-Institut, Den Haag (2)
Satz: Schaber, Wels
Druck und Bindung: Ebner Ulm

ISBN 3-453-04047-3

INHALT

Vorwort 7

Die Kartoffel — gesundes Kraftpaket mit kulinarischen Reizen 9

Wichtige Hinweise für die Diät 11

Kartoffelsorten 13

Tips für Restaurantbesuche und Heißhungeranfälle 18

Diät halten ist gut, sich dazu ausreichend bewegen, ist besser! 21

Vorratsliste — was man alles im Hause haben sollte 24

Drei Tage herzhaft-pikante Kartoffel-Diät 26

Die 3-Tage-Kartoffel-Blitzdiät, vegetarisch-vollwertig 38

Die 5-Tage-Kartoffel-Diät fürs Büro 52

Die 7-Tage-Kartoffel-Schlemmerdiät 71

Die 14-Tage-Holiday-Kartoffeldiät 94

7 Tage fleischlos glücklich mit Kartoffeln 142

14 Tage Kartoffel-Diät mit der Mikrowelle 165

Alphabetisches Register der Kartoffelrezepte ... 213

Register nach Sachgruppen 216

Vorwort

Wer auf gesunde Weise abnehmen will, der kann sich ganz auf die »tolle Knolle« verlassen. Sie ist das absolute Gegenteil von einem Dickmacher, für den sie lange gehalten wurde. Doch dieses Vorurteil wurde längst widerlegt, enthält die Kartoffel doch pro 100 g nur um 85 bis 87 Kalorien, je nach Stärkeanteil. Das ist — den höchsten Kalorienwert zugrunde gelegt — 87 Kalorien geballte Kraft aus fast allen Eiweißbausteinen, die der Körper unbedingt braucht, und einer Fülle von anderen wichtigen Nährstoffen, Vitaminen und Mineralstoffen.
Eine Kartoffel-Diät macht also nicht nur schlank, sondern gleichzeitig auch gesund. Auch wenn noch andere Zutaten, wie Gemüse, Früchte, Fisch und Fleisch in Maßen sowie Kräuter und Gewürze die Kartoffel begleiten, so ist sie während der Diät doch die Hauptzutat. Sie sollte es auch danach noch weiter bleiben. Dazu raten auch die Ernährungsphysiologen, nach deren Ansicht der Kartoffelverbrauch, statistisch gesehen, mit 150 g pro Kopf und Tag zu niedrig liegt. 150 g — das sind nicht mehr als gut zwei mittelgroße Knollen,

einschließlich des Verbrauchs an Kartoffelerzeugnissen.
Übrigens machen diese zwei Knollen, die bei dieser Diät häufig zu einer Mahlzeit gehören, satt. Auch wenn Ihnen vielleicht Zweifel kommen und Ihnen die Portionen recht klein erscheinen, Sie kommen damit spielend über die Runden.
Wählen Sie sich eines der hier vorgestellten Diät-Pakete aus. Auch nur drei Tage mit Kartoffeln lassen Ihre Pfunde sichtbar schwinden. Eine längere Diät macht sich natürlich noch besser bemerkbar. Denn Sie nehmen nicht nur ab, sondern das in der Kartoffel enthaltene Kalium hilft auch, die abgelagerten Schlacken des Stoffwechsels auszuschwemmen. Das Resultat: während Sie von Tag zu Tag schlanker werden, wird Ihre Haut außerdem frischer und verjüngt sich — ein toller Nebeneffekt! Also dann: Ran an die Kartoffeln!

Die Kartoffel – gesundes Kraftpaket mit kulinarischen Reizen

Die Eroberer der Inkareiche brachten vor rund 450 Jahren nicht nur Gold in die »alte Welt«, sondern auch die Kartoffel. Auf die Idee, sie zu essen, kamen sie allerdings zuerst noch nicht. Als exotisches Gewächs verschönerte die Kartoffelpflanze den Garten der spanischen Königin. In ihrem Heimatland Peru allerdings war die Kartoffel seit über 1000 Jahren wichtigstes Nahrungsmittel und ist es auch heute noch.

Erst der »Alte Fritz«, der preußische König Friedrich der Große, entdeckte den Wert der Knollen und ließ sie auf großen Flächen anbauen. Damit wurde sie zum billigsten Nahrungsmittel. Not- und Hungerzeiten, in denen sich viele nur noch Kartoffeln und Kohl leisten konnten, degradierten sie zum »Arme-Leute-Essen«. Und außerdem sagte man der Kartoffel nach, daß sie dick mache.

Mit diesen Vorurteilen wurde nun längst aufgeräumt. Die Kartoffel ist rehabilitiert und erhielt gesellschaftliche Anerkennung, seit man sie als gesunde, wohlschmeckende Knolle schätzen lernte. Und ihre vielseitigen Zubereitungsmöglichkeiten machen sie zu einem unentbehrlichen Bestandteil der alltäglichen und feinen Küche. Denn nur als Beilage ist sie einfach zu schade.

Was steckt nun alles drin in der tollen Knolle?

Vor allem viel Vitamin C — das jedoch durch den Kochprozeß weitgehend zerstört wird. Außerdem enthält sie Vitamine der B-Gruppe und das Provitamin A. An Mineralstoffen vor allem Kalium, Kalzium, Phosphor und Magnesium, die alle für den Stoffwechsel, für Knochen, Haut und Muskeln wichtig sind.

Eiweißbausteine, die der Körper braucht, jedoch nicht selbst produzieren kann, leicht aufspaltbare Stärke liefern Energie und sorgen für das Wachstum der Zellen. Erwiesen ist außerdem, daß Kartoffeln wenig Schwermetalle aufnehmen, wie zum Beispiel Cadmium und Blei. Die Werte liegen deutlich unter der Toleranzgrenze und können durch Schälen noch gesenkt werden.

Der richtige Umgang mit Kartoffeln

Damit bei der Zubereitung möglichst wenige der wichtigen Inhaltsstoffe verloren gehen, sollten einige wichtige Regeln beachtet werden:

- Kartoffeln möglichst mit der Schale garen, also als Pellkartoffeln. So werden durch das Kochen weniger wertvolle Stoffe ausgeschwemmt.

- Kartoffeln erst kurz vor der Zubereitung schälen und nicht im Wasser liegen lassen, vor allem Vitamin C geht dann verloren.

- Kartoffeln möglichst, wenn es zum Gericht paßt, im Dampf garen. Sie liegen dann in einem Siebeinsatz und nicht im Kochwasser. Auch so werden die Inhaltsstoffe geschont und die Kartoffeln nicht verwässert.

Wichtige Hinweise für die Diät

- Jede Diät-Mahlzeit wurde für eine Person zusammengestellt. Mühelos läßt sie sich natürlich für zwei oder mehrere Personen zubereiten — dann nur die Zutaten verdoppeln oder vervielfachen.
- Hin und wieder wurde — aus Gründen der Zeiteinsparung — fertiges Flockenpüree verwendet. Besser ist natürlich frisch zubereitetes Püree aus gekochten Kartoffeln. Dafür einfach zwei mittelgroße Kartoffeln schälen, mit wenig Wasser auf dem Herd oder im Mikrowellengerät garen und mit heißer Milch zerstampfen oder durch ein Sieb drücken und würzen.
- Möchten Sie einmal einen oder zwei Tage Kartoffeln pur, ohne viele andere Zutaten, als Diät genießen? Ganz einfach! Verteilen Sie über den Tag 1 Kilo Kartoffeln und reichern Sie die Mahlzeiten mit 250 g Magerquark und vielen frischen Kräutern an. Das ist natürlich die absolute Abnehm- und Entwässerungskur. Sie sollte aber nur kurze Zeit, also maximal drei Tage durchgeführt werden. Besser sind die abwechslungsreichen Kartoffeltage dieser Diät-Vorschläge.

- Noch ein wichtiger Hinweis zum Thema Salz: Verwenden Sie es äußerst sparsam, um dem Wasser ausschwemmendem Kalium nicht entgegenzuwirken. Denn schließlich will dieses Mineral die angesammelten Schlacken des Stoffwechsels ausschwemmen. Also: lieber mit Kräutern und Zitrone würzen, als mit zuviel vom schädlichen Salz.
- Wer alle wertvollen Inhaltsstoffe im Naturzustand, also pur genießen will und eine Saftpresse besitzt, bereitet sich ab und zu mal ein kleines Glas frisch gepreßten Kartoffelsaft zu, vielleicht zusammen mit etwas Apfelsaft. Das schmeckt gar nicht so schlecht und liefert viel Vitamin C — das Anti-Erkältungs-Vitamin.

Kartoffelsorten

Obwohl es angeblich 90 verschiedene Sorten von Speisekartoffeln auf dem deutschen Markt geben soll, sind jedoch höchstens ein Viertel davon auf dem Markt zu finden.
Eingeteilt werden sie nach zwei Kategorien: einmal nach ihrer Reifezeit in Früh-, Mittelfrüh- und Mittelspät- bis Spätkartoffeln, und nach ihren Kocheigenschaften, also in festkochende, vorwiegend festkochende und mehligkochende Kartoffeln.
Frühkartoffeln kommen etwa von März bis Mai aus südlichen Ländern auf unsere Tische, zum Beispiel aus Zypern, Süditalien und der Insel Malta. Anfang Juni werden dann auch in der Bundesrepublik die ersten Kartoffeln geerntet. Sehr frühe Sorten wie Spunta, Erstling, Aticam Christa, Gloria und Saskia besitzen eine sehr dünne Schale und können nicht lange gelagert werden. Am köstlichsten sind diese ganz jungen Kartoffeln mit Schale gegart, sie werden einfach nur kräftig abgeschrubbt.
Nach diesen Eröffnern der Kartoffelsaison die frühen Sorten wie Sieglinde — die in der Verbrauchergunst ganz oben steht — Berolin und Pinki. Im August reifen

dann die mittelfrühen Sorten. Ihre Schalen sind noch nicht so fest, so daß sie sich zum Lagern nicht eignen. Doch gibt es gerade unter diesen Kartoffeln besonders leckere Sorten wie Clivia, Grata, Hansa, Grandifolia, Jetta, Ulla, Granola, Quarta, Nicola, Irmgard und die holländische, sehr beliebte Bintje.
Später, ab Mitte September, kommen die Herbstkartoffeln, die lagerfähigen, auf den Markt. Der größte Teil wird in Spezial-Klimahäusern aufbewahrt, in denen sich die Kartoffeln über den Winter bis zum Mai des nächsten Jahres halten, und sich der Kartoffelkreislauf wieder schließt. Späte Sorten sind Durate, Corinna, Isola und Gelda.
Welche Kartoffeln nun festkochend, vorwiegend festkochend oder mehligkochend sind, muß auf der Pakkung stehen, wie auch das Gewicht und die Handelsklasse, die für besondere Qualität »Extra«, für gute Qualität nach »Handelsklasse 1« und für besonders kleine Kartoffeln als »Drillinge« nach den Richtlinien der Handelsklassenverordnung angegeben sein muß.

Für jedes Rezept die richtigen Kartoffeln

Ob fest- oder mehligkochende Kartoffeln verwendet werden, hängt von dem Gericht ab. Warum das Kochverhalten so verschieden ausfällt, dafür ist übrigens der Stärkegehalt der jeweiligen Kartoffelsorte verantwortlich. Die Faustregel lautet, je weniger Stärke desto fester die Kartoffeln — und umgekehrt — je höher der Stärkeanteil, desto mehliger fallen Kartoffeln nach dem Kochen aus. Festkochende Kartoffeln, früher auch unter der Bezeichnung Salatkartoffeln geführt, kommen vor allem für Kartoffelsalat, für Pell- und Salzkar-

toffeln, zum Braten, Schmoren und für Auflauf in Frage.
Vorwiegend festkochende Sorten werden gerne in Alufolie zu Gegrilltem gegart, aber auch noch als Pell- und Bratkartoffeln und für Suppen und Eintopfgerichte verwendet, in denen die Kartoffel nicht ganz zerkocht sein soll. Auch ein Kartoffelgratin kann sowohl aus festkochenden, wie auch aus vorwiegend festkochenden Kartoffeln hergestellt werden. Mehligkochende Kartoffeln dienen vor allem Pürees und Klößen — weshalb sie in Süddeutschland gerne Abnehmer finden. Aber auch für Eintöpfe und sämige Suppen kommen die eher mehligen Kartoffeln in Frage.

Kartoffeln aufbewahren

Obwohl die Plastiktüten, in die Kartoffeln meist verpackt sind, große Löcher haben, damit sie nicht schwitzen, sollten sie doch nach dem Einkauf gleich ausgepackt werden. Am besten hebt man sie in einem Körbchen oder in einem Karton luftig auf, möglichst auch noch kühl und dunkel. Eventuell mit Zeitungspapier abdecken. Bei Zimmertemperatur trocknen Kartoffeln bald aus, und bei hellem Licht bilden sich die grünen Stellen, die das giftige Solanin enthalten. Ganz grüne Kartoffeln nicht verwenden. Grüne Stellen großzügig abschneiden. Im feucht-kühlen Klima des Gemüsefaches im Kühlschrank sind Kartoffeln nicht gut aufgehoben.
Wer eine große Kartoffelmenge lagern möchte, braucht einen kühlen, trockenen Keller und eine Kartoffelschütte oder eine Stellage aus Holzlatten, so daß von allen Seiten Luft an die Knollen kommen kann und die Kartoffeln nicht faulen oder schimmeln. In sehr kalten

Wintern sollte man sie vor Frost schützen — eventuell auf Stroh betten und mit einer Lage Stroh abdecken. Wer über diese Möglichkeit nicht verfügt, kauft die jeweils für eine Woche benötigte Kartoffelmenge immer frisch.

Pellkartoffeln und Rindermedaillons ▷
mit Kiwi-Pfeffer-Sauce
(Rezept S. 76)

Tips für Restaurantbesuche und Heißhungeranfälle

Eine große Gefahr für Ihre Diät können Einladungen zum Essen sein. Möchten Sie nur ein bis zwei Kilo abnehmen, läßt sie sich leicht umgehen, da die Diät nur von kurzer Dauer sein wird. Restaurantbesuche dann einfach auf einen späteren Zeitpunkt verschieben.
Wollen Sie aber über eine längere Zeitspanne Diät halten, bedeutet auch das keinesfalls, daß Sie sich automatisch aus allen geselligen Ereignissen heraushalten müssen. Mit ein bißchen Fantasie und Flexibilität lassen sich die eigentlich willkommenen Anlässe ohne Ausrutscher wahrnehmen.
Wichtige Regel: Verzichten Sie auf jeden Fall auf Alkohol. Der regt den Appetit nämlich an, hat zusätzlich Kalorien ohne zu sättigen, und außerdem macht er leichtsinnig. Sie laufen Gefahr, alle guten Vorsätze über den Haufen zu werfen. Trinken Sie statt dessen lieber ein ausgesucht gutes Mineralwasser oder einen feinen Tee.
In einem Steak-Restaurant oder beim Vegetarier werden Sie in dieser Zeit am besten auf Ihre Kosten kommen. Dort ist es am einfachsten, fettarme Gerichte ohne reichhaltige Saucen, leichte Salate und Gemüse-

gerichte zu finden. Aber auch beim Italiener, Spanier oder in einem Restaurant südlicher Prägung läßt sich etwas Kalorienarmes aus dem Speiseangebot auswählen. Versuchen Sie es einfach mit zwei oder drei leichten Vorspeisen statt einem kompletten Menü, z. B. einer klaren Suppe, einem Salat der Saison, einem kalten Gemüsegericht.

Wenn Sie privat zum Essen eingeladen sind, können Sie ähnlich verfahren. Lassen Sie auch hier möglichst alles, was viel Fett enthält, Teigwaren und reichhaltige Saucen, beiseite. Erwähnen Sie schon vorher, daß Sie Diät halten, aber trotzdem gerne kommen würden. Dafür wird jede Hausfrau Verständnis haben. Essen Sie sich an Salat, magerem Fleisch, Fisch, Kartoffeln und Gemüse satt.

Und noch eins: Sollten Sie trotz aller guten Vorsätze einmal über die Stränge schlagen, lassen Sie sich auf keinen Fall entmutigen. Machen Sie einfach weiter mit Ihrer Diät, ohne sich mit radikalem Kalorienentzug zu bestrafen. Ob Sie nun zwei oder drei Tage länger Diät halten müssen, darauf sollte es nun eigentlich nicht ankommen.

Was aber tun bei Heißhunger-Anfällen?

Fast jeder Mensch, ob übergewichtig oder nicht, kennt sie. Diese Anfälle aus heiterem Himmel, die einem signalisieren, daß es jetzt nur noch einen Ausweg gibt, nämlich essen.

Vermeiden lassen sie sich nicht immer, aber man kann lernen, damit umzugehen. Kompensieren Sie den Anfall, überlegen Sie sich, was Ihnen statt dessen gut tun könnte. Das kann Nähe zu einem Menschen sein, das kann ein Austoben bis zur Erschöpfung sein, das kann

Ruhe oder Trubel sein. Versuchen Sie es also erst einmal mit einer Alternative!
Auch kalorienarme Knabbereien, wie in Stifte geschnittene Karotten oder Selleriestangen können einem die nötige Befriedigung geben.
Wehren Sie sich aber unbedingt dagegen, in den teuflischen Diät-Freß-Kreislauf hineinzukommen, der bringt Ihnen nämlich nur Enttäuschung und Frust, und Sie laufen ernsthaft Gefahr, alle Ihre guten Vorsätze fallen zu lassen.
Belasten Sie lieber Ihre Telefonrechnung, um einen lieben Freund oder eine Freundin anzurufen, als Ihr Kalorienlimit zu überschreiten.

Diät halten ist gut, sich dazu ausreichend bewegen ist besser!

Dieses Motto wird Ihnen wahrscheinlich bekannt sein, aber es läßt sich nicht oft genug wiederholen. Regelmäßige Bewegung ist für Körper und Seele gleichermaßen wichtig.

Das soll natürlich nicht heißen, daß Sie sich in jeder freien Minute in einem Sportcenter abrackern müssen. Vielmehr ist damit gemeint, daß es wichtig ist, einmal pro Tag so richtig aus der Puste zu kommen. Ob Sie nun schwimmen oder joggen, statt den Aufzug zu benutzen die Treppen mit Schwung hochlaufen, einen Tanzkurs besuchen, eine asiatische Kampfsportart erlernen oder einfach nur mal häufiger auf das Auto verzichten und statt dessen zu Fuß gehen — Hauptsache, Sie bewegen sich. Und natürlich sollte der Spaß daran eine der Triebfedern sein.

Regelmäßige und ausreichende Bewegung unterstützt Ihre Diät. Der Stoffwechsel wird dadurch angeregt, Herz und Kreislauf werden gestärkt, die Verdauung kommt in Schwung, Sie schlafen besser und Sie sind weniger anfällig gegen Infektionskrankheiten. Noch dazu wird sich Ihr Körpergefühl verbessern, was für Menschen mit Gewichtsproblemen ein wichtiger Schritt aus dem ewigen Diät-Kreislauf sein kann.

Die Beauty-Farm zu Hause

Noch ein paar Tips zum Thema Körpergefühl.
Ist es Ihnen auch schon so gegangen, daß Sie sich vorgestellt haben, wie schön und erfolgreich Sie sein werden, wenn Sie erst Ihre überflüssigen Pfunde abgenommen haben? Gut, solche Vorstellungen mögen motivierend sein, aber was hält Sie eigentlich davon ab, es auch schon mal vorher damit zu versuchen? Kehren Sie Ihre Glanzseiten hervor und lernen Sie, Ihre sogenannten Schwachpunkte nach dem Motto »nobody is perfect« zu akzeptieren. Diese gehören genauso zu Ihnen wie Ihre starken Seiten, und einiges läßt sich mit Geduld und Ausdauer verbessern.
Planen Sie zum Beispiel morgens eine halbe Stunde mehr für Ihre Toilette ein. Machen Sie es sich zur Gewohnheit, sich jeden Morgen vor dem Duschen mit einem Bürstenhandtuch trocken abzubürsten. Dadurch werden abgestorbene Hautschüppchen abgetragen, Kreislauf und Stoffwechsel kommen in Schwung. Ihre Haut wird schon nach einigen Tagen zart und rosig sein. Unterstützend wirkt, wenn Sie sich nach dem Duschen noch kurz kalt abbrausen und sich anschließend mit einer guten Körpercreme oder einem Öl gründlich eincremen.
Oder machen Sie es sich zur Gewohnheit, einmal wöchentlich in die Sauna oder ins Dampfbad zu gehen. Das ist Pflege für Körper, Geist und Seele, vielleicht finden sich ja auch Freunde, die Ihnen dabei Gesellschaft leisten.
Sind Sie abends abgespannt und haben nur noch das Verlangen, den Tag vor dem Fernseher ausklingen zu lassen und laufen dabei Gefahr, unbedingt etwas knabbern zu müssen, versuchen Sie es lieber mal mit ei-

nem heißen Bad. Gönnen Sie sich einen luxuriösen Badezusatz mit Ihrem Lieblingsduft oder ein entspannendes Kräuterölbad, lassen Sie alle Ihre streßgeplagten Gedanken vom Tag im Seifenschaum zerplatzen. Legen Sie sich anschließend schön durchgewärmt ins Bett, genießen Sie die wohltätige Entspannung und lassen Sie sich auf samtenen Wolken in den Schlaf tragen.

Kurz gesagt: Versuchen Sie, Ihre wahren Bedürfnisse nach Entspannung und Bewegung herauszufinden, nehmen Sie diese ernst genug, um sich genügend Zeit dafür zu lassen.

Vorratsliste –
was man alles im Hause
haben sollte

Fruchtaufstrich ohne Zucker — ähnlich wie Marmelade, nur ohne Zucker, sondern mit Apfel- oder Birnendicksaft gesüßt. Gibt es im Reformhaus oder Bioladen in vielen verschiedenen Sorten. Sollte nach dem Öffnen im Kühlschrank aufbewahrt werden.

Gemüsebrühe, Instant — zum Würzen und Abrunden vieler Gerichte, enthält ziemlich viel Salz, deshalb mit dem Nachsalzen vorsichtig verfahren. Gibt es im Reformhaus oder Bioladen im Glas oder als Brühwürfel, mit oder ohne Hefezusatz.

Kräutersalz — eine wohlschmeckende Alternative zum herkömmlichen Kochsalz, enthält aber die gleiche Salzmenge. Zu kaufen in gut sortierten Supermärkten, im Reformhaus oder Bioladen.

Öl — am besten und vollwertigsten ist ein kaltgepreßtes Öl. Eher geschmacksneutral sind Sonnenblumen- und Maiskeimöl, kräftiger im Geschmack sind Olivenöl, Sesam- oder Distelöl. Die beiden letzten aber nur kalt verwenden. Erhältlich in gut sortierten Supermärkten, im Feinkostgeschäft, Reformhaus oder Bioladen.

Essig — probieren Sie je nach Geschmack einen guten Balsamico-Essig, einen Estragon-, Sherry- oder Kräuter-Essig. Im Feinkostgeschäft oder gut sortierten Supermärkten erhältlich.

Crème fraîche, 30 % Fett i. Tr. — während der Diät ein unerläßliches Mittel, um die Speisen zu verfeinern.

Frische Kräuter — Petersilie, Schnittlauch, Zitronenmelisse, Kerbel, Korianderkraut, Basilikum, Dill, Majoran, Thymian — geben den Speisen Würze. Am besten besorgen Sie sich diese Kräuter nach und nach im Blumentopf, so haben Sie immer den nötigen Vorrat an frischen Kräutern parat.

Sojasauce — nur die salzige, denn die süße hat zuviel Kalorien. Enthält viel Salz, deshalb ist ein Nachsalzen der Gerichte kaum nötig. Zu kaufen im asiatischen Feinkostgeschäft, im Reformhaus oder Bioladen.

Drei Tage herzhaft-pikante Kartoffel-Diät

Sind Sie ein Fan der herzhaften, eher deftigen Hausmannskost und möchten innerhalb von drei Tagen drei bis vier überflüssige Pfunde loswerden? Dann könnte diese herzhaft-pikante, aber jedoch leichte Kartoffeldiät-Variante Ihr Fall sein.
Die Gerichte enthalten pro Tag nur insgesamt 800 kcal, verteilt auf 5 Mahlzeiten:

200 kcal für das Frühstück
300 kcal für das Mittagessen
200 kcal für das Abendessen
und je 50 kcal für die beiden Zwischenmahlzeiten.

Planen Sie, diese Diät an einem Wochenende durchzuführen, was praktisch ist, werden auch hier alle Zutaten auf einmal gekauft. So gibt es auch während der Diät keine appetitanheizende Verführung im Supermarkt.
Vielleicht findet sich ja jemand, der mit Ihnen gemeinsam diese Kartoffel-Diät machen möchte, denn zu zweit macht es allemal mehr Spaß. So kann man sich gegenseitig immer wieder anspornen, und sich für das

Fitnessprogramm auch mal was größeres vornehmen. Wie wäre es z. B. mit einem Tennismatch?
Für eine Diät zu zweit muß natürlich die doppelte Menge eingekauft werden.

Einkaufsliste (Mengenangabe für eine Person):

2 Eier, Gew.-Kl. 4
1 Ecke kalorienreduzierter Schmelzkäse, 25 g (z. B. von ›Du darfst‹)
40 g Magerquark
Crème fraîche, 30 % Fett i. Tr.
1 fettarmer (1,5 % Fett i. Tr.) Joghurt, 150 g

100 g geräuchertes Forellenfilet
100 g Lachsschinken ohne Fettrand
1 Scheibe Corned beef, 30 g
50 g Rindersaftschinken

1 Roggenbrötchen, 45 g
1 Brötchen, 45 g
Knäckebrot

1 mittelgroße Zwiebel, 50 g
2 Bund Radieschen
5 kleine Tomaten à 50 g, 250 g
8 mittelgroße Kartoffeln à 60 g, 480 g
50 g Feldsalat
1 Bund Lauchzwiebeln
1 kleine Salatgurke, 400 g
250 g Möhren
2 Bund Petersilie
je 1 Bund Schnittlauch, Dill und Kerbel
1 Gewürzgurke, 100 g

1 kleine Dose Sauerkraut, 300 g
2 Zitronen
125 g Erdbeeren
2 kleine Äpfel à 100 g, 200 g
1 Kiwi, 100 g

zuckerfreier Fruchtaufstrich (aus dem Reformhaus oder Bioladen)
Meerrettich
Senf
Gemüsebrühe, Instant
Instant Tassen-Suppe, Kartoffel
Kartoffelpüreeflocken komplett mit Milch
Kapern
Öl
Essig
Mineralwasser
Kümmel
Majoran, getrocknet
Salz
schwarzer Pfeffer
Lorbeerblätter
Wacholderbeeren

1. TAG

FRÜHSTÜCK:

Käsebrot mit Ei

1 Ei, Gew.-Kl. 4
1 Scheibe Knäckebrot

1 Ecke kalorienreduzierter
Schmelzkäse, 25 g
2 kleine Tomaten, 100 g

Das Ei in 5 Minuten weich kochen. Das Knäckebrot mit dem Käse bestreichen, die Tomaten waschen und in Scheiben geschnitten auf einem Teller anrichten. Zu dem Ei essen. Je nach Wunsch gibt es Kaffee oder Tee ohne Milch und Zucker.

195 kcal/816 kJ

ZWISCHENMAHLZEIT:

125 g Erdbeeren   45 kcal/188 kJ

MITTAGESSEN:

Pellkartoffeln mit geräucherter Forelle und Meerrettichquark

2 mittelgroße Kartoffeln, 120 g (sowie 1 mittelgroße Kartoffel, 60 g, für den Abend)
Kümmel
1 gehäufter EL Magerquark, 40 g
1 TL Crème fraîche, 30 % Fett i. Tr.
Mineralwasser
1 TL geriebener Meerrettich
frisch gemahlener schwarzer Pfeffer
Salz
Zitronensaft
50 g Feldsalat
1 Lauchzwiebel
1 geräuchertes Forellenfilet, 100 g

Die Kartoffeln in reichlich Wasser mit einer Prise Kümmel gar kochen. 1 mittelgroße Kartoffel für den Abend aufheben. In der Zwischenzeit den Quark mit der Crème fraîche und etwas Mineralwasser glattrühren. Mit 1 TL Meerrettich, Pfeffer, Salz und einem Spritzer Zitronensaft abschmecken.

Den Feldsalat gründlich waschen und putzen. Die Lauchzwiebel waschen, putzen und in feine Ringe schneiden. Mit dem Salat vermengen und mit Zitronensaft, Pfeffer und Salz würzen.

Forellenfilets, Quark, Salat und gepellte Kartoffeln garniert mit 1 bis 2 Zitronenschnitzen auf einem Teller anrichten.

300 kcal / 1255 kJ

ZWISCHENMAHLZEIT:

1 Scheibe Knäckebrot mit 1 TL Crème fraîche bestrichen und mit frischen, gehackten Kräutern bestreut.

60 kcal/251 kJ

ABENDESSEN:
Kartoffel-Schinken-Salat

1 Bund Radieschen
2 kleine Tomaten, 100 g
100 g Salatgurke
1 Lauchzwiebel
1 mittelgroße, vorgegarte Pellkartoffel, 60 g
50 g Lachsschinken ohne Fettrand
1 TL Öl
Essig
1 TL Senf
evtl. etwas Gemüsebrühe, Instant
Salz
frischgemahlener schwarzer Pfeffer
Petersilie
Schnittlauch

Radieschen waschen, putzen und in Scheiben schneiden. Gurke schälen und hobeln, Lauchzwiebel waschen und in feine Ringe schneiden, die Kartoffel pellen und würfeln. Den Schinken ebenfalls würfeln und zusammen mit dem Gemüse in einer Schüssel vermengen. Eine Salatsauce aus 1 TL Öl, Essig, 1 TL Senf, evtl. etwas Gemüsebrühe, Salz, schwarzem Pfeffer und gehackter Petersilie und Schnittlauchröllchen zubereiten, über den Salat geben und gut untermengen. Vor dem Servieren möglichst einige Zeit durchziehen lassen.

205 kcal/858 kJ

2. TAG

FRÜHSTÜCK:

Marmeladenbrötchen

1 Brötchen, 45 g
2 TL Crème fraîche,
30 % Fett i. Tr.

2 TL zuckerfreier Fruchtaufstrich

Brötchen evtl. aufbacken, halbieren und Crème fraîche und Fruchtaufstrich darauf verteilen. Dazu gibt es Kaffee oder Tee ohne Milch und Zucker.

193 kcal/808 kJ

ZWISCHENMAHLZEIT:

1 Tassenportion Instant-Kartoffelsuppe einfach mit gehackten, frischen Kräutern (Schnittlauch, Petersilie, Kerbel) verfeinert.

50 kcal/209 kJ

MITTAGESSEN:

Bauernomelett

2 mittelgroße Kartoffeln, 120 g (sowie 1 mittelgroße Kartoffel für den Abend, 60 g)
1 Lauchzwiebel
50 g Lachsschinken ohne Fettrand
1 TL Öl
1 Ei, Gew.-Kl. 4
Salz
frischgemahlener schwarzer Pfeffer
gerebelter, getrockneter Majoran
1 Gewürzgurke, 100 g

Die Kartoffeln in reichlich Wasser garen. 1 Kartoffel, 60 g, für den Abend beiseite legen. Die Lauchzwiebel waschen und in feine Ringe schneiden. Schinken in Würfelchen schneiden. Eine beschichtete Pfanne mit ¼ TL Öl auspinseln und die Zwiebel darin glasig dünsten. Schinken dazugeben und kurz mit anbraten. Die gekochten, gepellten und in kleine Würfel geschnittenen Kartoffeln etwa 5 Minuten mitrösten. Das Ei verkleppern und mit Salz, Pfeffer und Majoran würzen. Das restliche Öl mit in die Pfanne geben, das Ei darübergießen und stocken lassen.
Zum Bauernomelett gibt es eine große Gewürzgurke.

317 kcal/1326 kJ

ZWISCHENMAHLZEIT:

1 kleiner Apfel, 100 g   47 kcal/197 kJ

ABENDESSEN:
Kartoffel und Rohkost mit Dip

1 mittelgroße, vorgegarte Pellkartoffel, 60 g
100 g Salatgurke
2 kleine Tomaten, 100 g
100 g Möhren
1 fettarmer (1,5 % Fett i. Tr.) Joghurt, 150 g)
1 TL Kapern
1 Lauchzwiebel
feingewiegte Petersilie
Salz
frischgemahlener schwarzer Pfeffer

Die Kartoffel pellen und in Scheiben schneiden, Gurke nach Wunsch schälen und in längliche Streifen schneiden. Die Tomaten waschen, den Stielansatz herausschneiden und achteln. Die Möhren waschen und in lange Streifen schneiden. Das Gemüse auf einer kleinen Salatplatte oder einem Teller anrichten. Den Joghurt mit 1 TL feingehackten Kapern, der in feine Ringe geschnittenen Lauchzwiebel, der feingewiegten Petersilie, Salz und Pfeffer abschmecken und als Dip zu dem Gemüse essen.

210 kcal/879 kJ

3. TAG

FRÜHSTÜCK:

Wurstbrötchen

1 Roggenbrötchen, 45 g
2 TL Crème fraîche,
30 % Fett i. Tr.
1 Scheibe Corned beef, 30 g
½ Bund Radieschen

Das Brötchen evtl. aufbacken, halbieren. Mit der Crème fraîche bestreichen. Corned beef darauflegen und zuklappen. Die gewaschenen Radieschen dazu essen. Kaffee oder Tee ohne Milch und Zucker.

204 kcal/854 kJ

ZWISCHENMAHLZEIT:

1 Kiwi, 100 g   50 kcal/209 kJ

MITTAGESSEN:

Pellkartoffeln mit Sauerkraut und Rindersaftschinken

2 mittelgroße Kartoffeln, 120 g
½ TL Kümmel
1 mittelgroße Zwiebel, 50 g
1 TL Öl
300 g Sauerkraut
Gemüsebrühe, Instant
1 Lorbeerblatt
3—5 Wacholderbeeren
frischgemahlener schwarzer Pfeffer
evtl. etwas Salz
50 g Rindersaftschinken

Die Kartoffeln in reichlich Wasser mit etwas Kümmel gar kochen. Die Zwiebel schälen und in kleine Würfel schneiden. In 1 TL Öl glasig dünsten, das Sauerkraut dazugeben und mit etwas Gemüsebrühe ablöschen. Lorbeerblatt, Wacholderbeeren und Pfeffer dazugeben, und, falls noch nötig, leicht nachsalzen. Das Ganze etwa 20 Minuten bei mittlerer Hitze zugedeckt schmoren lassen, evtl. noch etwas Flüssigkeit hinzugeben, damit das Sauerkraut nicht anbrennt. Zum Schluß den Rindersaftschinken auf das Sauerkraut legen und so 5 Minuten erwärmen. Sauerkraut, gepellte Kartoffeln und Schinken auf einem vorgewärmten Teller servieren.

297 kcal/1243 kJ

ZWISCHENMAHLZEIT:

Salat aus ½ Bund Radieschen, 200 g Salatgurke, ½ TL Öl, Zitronensaft, Salz, schwarzem Pfeffer und feingewiegtem Dill.

44 kcal/184 kJ

ABENDESSEN:
Kräuterkartoffelpüree mit Möhrenrohkost

150 g Möhren
1 kleiner Apfel, 100 g
1 TL Öl
Zitronensaft
Salz
frischgemahlener schwarzer Pfeffer

5 schwach gehäufte EL Kartoffelpüreeflocken, komplett feingewiegte frische Kräuter (Petersilie, Dill, Schnittlauch, Kerbel)

Möhren und Apfel waschen, putzen und grob raspeln. Mit einer Marinade aus 1 TL Öl, Zitronensaft, Salz und schwarzem Pfeffer anmachen.
Das Kartoffelpüree aus 5 schwach gehäuften EL Püreeflocken und 1 knappen Tasse heißem Wasser anrühren. Die feingewiegten Kräuter unterrühren und nach Geschmack mit Salz und Pfeffer nachwürzen.
Das Kräuterpüree heiß zu der Möhrenkost essen.

220 kcal/920 kJ

Die 3-Tage-Kartoffel-Blitzdiät, vegetarisch-vollwertig

Diese Kartoffel-Diät eignet sich hervorragend für alle, die ein bis zwei Kilo abnehmen wollen oder als Einstieg in eine längere Diät-Periode.
Sie dürfen pro Tag 800 kcal zu sich nehmen, aufgeteilt in:

200 kcal für das Frühstück
300 kcal für das Mittagessen
200 kcal für das Abendessen
und je 50 kcal für die beiden Zwischenmahlzeiten.

Auf das Fleisch wird bei dieser Kartoffel-Diät vollkommen verzichtet, so daß sie auch im Rahmen einer vegetarisch-vollwertigen Ernährung problemlos eingehalten werden kann.
Am besten läßt sich die Diät an einem Wochenende, also Freitag bis einschließlich Sonntag durchführen, wenn Sie sich ohne Streß und Arbeit ganz Ihrem Wohlergehen widmen können. Gönnen Sie sich viel Schlaf, ausgedehnte Spaziergänge, ein Buch, das Sie schon immer lesen wollten. Genießen Sie ein schönes Vollbad mit Ihrem Lieblingsduft als Badezusatz. Probieren

Sie ein Gymnastikprogramm aus, das Sie schon lange gereizt hat.
Kurzum, nehmen Sie sich etwas wirklich Schönes für diese drei Tage vor, nur übernehmen Sie sich nicht.
Kaufen Sie am besten schon am Vorabend des Diätbeginns alle Zutaten ein. Vergewissern Sie sich auch, daß so selbstverständliche Lebensmittel wie Essig und Öl noch im Hause sind. Haben Sie alles gut in Ihrem Kühlschrank untergebracht, so kann es losgehen.

Einkaufsliste:

250 g Magerquark
200 g körniger Frischkäse
Crème fraîche, 30 % Fett i. Tr.
1 Schmelzkäsescheibe, kalorienreduziert (z. B. von ›Du darfst‹)
1 Ei, Gew.-Kl. 4

1 Grapefruit, 250 g
1 Apfel, 200 g
2 Mandarinen, 100 g
2—3 Zitronen

10 mittelgroße Kartoffeln à 60 g, 600 g (am besten unbehandelte aus dem Reformhaus oder Bioladen)
1 mittelgroße rote Paprikaschote, 150 g
1 mittelgroße gelbe Paprikaschote, 150 g
5 mittelgroße Zwiebeln à 50 g, 250 g
1 Lauchzwiebel oder kleine Zwiebel, 25 g
1 Bund Radieschen
8 kleine Tomaten à 50 g, 400 g
1 Salatgurke, 500 g
1 kleiner Salat, Eisberg, Lollo Rosso oder Endivie

250 g Champignons
3 Bund Petersilie
2 Bund Schnittlauch
je 1 Bund Dill, Kerbel und Zitronenmelisse

Müsli (z.B. Früchtemüsli ohne Zucker aus dem Reformhaus)
Vollkornzwieback
Vollkornknäckebrot
Vollkornbrot

Fruchtaufstrich ohne Zucker (im Reformhaus oder Bioladen erhältlich)
Gemüsebrühe, Instant (aus dem Reformhaus oder Bioladen)
Honig
Sesamsamen
Butter
Öl
Leinöl, kleinste Menge
Essig (Balsamico)
Worcestersauce
flüssiger Süßstoff
Tomatenmark, Tube

1. TAG

FRÜHSTÜCK:

Quarkmüsli mit Apfel

2 gehäufte EL Magerquark, 80 g
1 TL Crème fraîche, 30 % Fett i. Tr.
etwas Mineralwasser
2 EL Müsli
½ Apfel, 100 g
etwas gemahlenen Zimt

Den Quark mit der Crème fraîche und dem Mineralwasser glattrühren und das Müsli untermengen. Mindestens 20 Minuten stehenlassen. Dann den geriebenen Apfel unterheben und mit gemahlenem Zimt bestäuben. Trinken Sie Kaffee oder Tee ohne Milch und Zucker dazu.

189 kcal/791 kJ

ZWISCHENMAHLZEIT:

1 Vollkornzwieback mit 1 TL Fruchtaufstrich ohne Zukker

50 kcal/209 kJ

MITTAGESSEN:

Ungarischer Kartoffel-Paprika-Eintopf

1 mittelgroße rote Paprikaschote, 150 g
1 mittelgroße gelbe Paprikaschote, 150 g
2 mittelgroße Zwiebeln, 100 g
1 kleine Knoblauchzehe
2 mittelgroße Kartoffeln, 120 g
1 TL Öl
Gemüsebrühe, Instant
2 TL Tomatenmark
2 EL Essig, z. B. Balsamico-Essig
Paprikapulver
Cayennepfeffer
schwarzer Pfeffer
evtl. Salz
2 TL Crème fraîche
Petersilie

Paprika waschen und Kerne und Stielansatz herausschneiden. Jeweils ⅓ (insgesamt 100 g) für den Salat am Abend aufheben. Die Paprika in Stücke schneiden, die Zwiebeln schälen und achteln. Die Kartoffeln schälen und in Würfel schneiden. Alles in dem 1 TL Öl in einem Topf scharf anbraten, die zerdrückte Knoblauchzehe dazugeben und mit Gemüsebrühe ablöschen. Bei mittlerer Hitze zugedeckt etwa 10 Minuten schmoren. Dann das Tomatenmark und den Essig dazugeben und mit Paprikapulver, 1 Msp Cayennepfeffer, frischgemahlenem schwarzen Pfeffer, und, falls nötig, noch 1 Prise Salz abschmecken. Zum Schluß die Crème fraîche unterrühren und mit reichlich gehackter Petersilie bestreuen.

300 kcal / 1225 kJ

ZWISCHENMAHLZEIT:

½ Apfel, 100 g   47 kcal/197 kJ

ABENDESSEN:
Kartoffel-Frühlingssalat mit Frischkäse

100 g Paprika (Rest vom Mittagessen)
1 mittelgroße, vorgekochte Pellkartoffel, 60 g
1 Lauchzwiebel
1 Bund Radieschen
2 kleine Tomaten, 100 g

2 gehäufte EL körniger Frischkäse, 80 g
Zitronensaft
Kräutersalz
schwarzer Pfeffer
Schnittlauch
Petersilie
Zitronenmelisse

Die Paprika in kleine Stücke, die Kartoffel in Scheibchen schneiden. Lauchzwiebel und Radieschen waschen, putzen und in Ringe schneiden. Alle Salatzutaten in eine Schüssel geben. Ein Dressing aus dem körnigen Frischkäse, Zitronensaft, Kräutersalz, frischgemahlenem schwarzen Pfeffer und den feingewiegten Kräutern zubereiten und unter den Salat mischen.

208 kcal/870 kJ

2. TAG

FRÜHSTÜCK:

Kräuter-Käse-Knäcke mit Grapefruit

2 gehäufte EL körniger Frischkäse, 80 g
Kräutersalz
schwarzer Pfeffer
1 Scheibe Vollkornknäckebrot

200 g Salatgurke
½ Grapefruit
evtl. etwas Süßstoff, flüssig

Den körnigen Frischkäse mit feingehacktem Dill, Kräutersalz und schwarzem Pfeffer abschmecken. Auf der Scheibe Knäckebrot verteilen und mit der in dünne Scheiben geschnittenen Gurke auf einem Teller anrichten.

Das Fruchtfleisch aus der Grapefruit mit einem Messer oder einem Speziallöffel herauslösen und die Grapefruit, evtl. mit einem Spritzer Süßstoff gesüßt, aus der Schale herauslöffeln. Dazu gibt es Kaffee oder Tee ohne Milch und Zucker.

185 kcal/774 kJ

ZWISCHENMAHLZEIT:

Gurkensalat aus 300 g Salatgurke, ½ TL Öl, Zitronensaft, Kräutersalz, Pfeffer und feingewiegten frischen Kräutern.

45 kcal/188 kJ

MITTAGESSEN:

Pellkartoffeln mit Quark und Salat

2 mittelgroße Kartoffeln, 120 g	*1 große Portion Blattsalat (Eisberg, Lollo Rosso oder Endivie)*
Kümmel	
125 g Magerquark	*1 TL Öl*
2 TL Leinöl	*Zitronensaft*
etwas Mineralwasser	*Petersilie*
Kräutersalz	*Schnittlauch*
frischgemahlener schwarzer Pfeffer	*Dill*

Die gut gewaschenen Kartoffeln in reichlich Wasser mit 1 Prise Kümmel gar kochen.
In der Zwischenzeit den Quark mit dem Leinöl und einem Schuß Mineralwasser glattrühren und mit Kräutersalz und schwarzem Pfeffer abschmecken. Den Salat waschen und in mundgerechte Stücke zerteilen. Mit einer Marinade aus 1 TL Öl, Zitronensaft, Kräutersalz, Pfeffer und feingewiegten Kräutern anmachen. Kartoffeln (neue evtl. mit Schale), Quark und Salat auf einem Teller anrichten.

308 kcal/1289 kJ

ZWISCHENMAHLZEIT:

½ Grapefruit mit 1 TL Crème fraîche und evtl. einem Spritzer flüssigem Süßstoff.

65 kcal/272 kJ

ABENDESSEN:

Kartoffelsuppe mit Tomate

2 mittelgroße Kartoffeln, 120 g
1 mittelgroße Zwiebel, 50 g
1 TL Öl
2 kleine Tomaten, 100 g
¼ l Gemüsebrühe, Instant
frischgemahlener schwarzer Pfeffer
Kerbel
Petersilie
Kräutersalz
Worcestersauce
1 TL Crème fraîche

Kartoffeln und Zwiebel schälen und in kleine Würfel schneiden. Tomaten mit kochendem Wasser überbrühen, kurz stehenlassen und pellen, ebenfalls würfeln. Kartoffeln und Zwiebel in 1 TL Öl scharf anbraten, Tomaten dazugeben und ¼ l Gemüsebrühe angießen. Die Suppe 10 Minuten bei leichter Hitze köcheln lassen. Dann mit dem Kartoffelstampfer gut zerkleinern oder durch ein Sieb passieren. Mit Pfeffer, feingehacktem Kerbel und Petersilie, falls nötig noch ein wenig Kräutersalz und einem Spritzer Worcestersauce abschmecken. Zum Schluß 1 TL Crème fraîche unterrühren.

205 kcal/858 kJ

3. TAG

FRÜHSTÜCK:

Honigbrot

1 Scheibe Vollkornbrot, 45 g
1 TL Crème fraîche, 30 % Fett i. Tr.
2 TL Honig
1 gestrichener TL Sesamsamen, 5 g

Das Vollkornbrot dünn mit der Crème fraîche bestreichen und 2 TL Honig darauf verteilen. Sesamsamen darüberstreuen.
Nach Geschmack Kaffee oder Tee ohne Milch und Zucker dazu trinken.

218 kcal/912 kJ

ZWISCHENMAHLZEIT:

Tomatensuppe aus ¼ l Gemüsebrühe, 2 TL Tomatenmark, 1 enthäuteten, in kleinen Stückchen geschnittenen, kleinen Tomate, frischgemahlenem schwarzen Pfeffer und feingehackter Petersilie.

45 kcal/188 kJ

MITTAGESSEN:

Gefüllte Kartoffeln mit Champignons

3 mittelgroße Kartoffeln, 180 g, 1 Kartoffel wird am Abend verwendet
1 mittelgroße Zwiebel, 50 g
1 kleine Knoblauchzehe
250 g Champignons
1 gestrichener TL Butter, 5 g
reichlich feingewiegte Petersilie
Gemüsebrühe, Instant
Kräutersalz
frischgemahlener schwarzer Pfeffer
2 TL Crème fraîche, 30 % Fett i. Tr.
1 Schmelzkäsescheibe, kalorienreduziert, 20 g

Die gut gewaschenen Kartoffeln in reichlich Wasser gar kochen. Eine Kartoffel wird für den Abend beiseite gelegt. Die Zwiebel schälen und in kleine Würfel schneiden, die Knoblauchzehe schälen und zerdrücken. Die Champignons putzen und in feine Scheiben schneiden. Die Zwiebel in der Butter glasig dünsten, Knoblauch und Champignons dazugeben und kurz mit andünsten. Die Petersilie dazugeben und mit etwas Gemüsebrühe ablöschen. Zugedeckt bei leichter Hitze 5 Minuten köcheln lassen. Die abgekühlten Kartoffeln halbieren und eine Mulde herausschneiden. Das Herausgeschnittene in kleine Würfelchen schneiden und zu der Champignonzubereitung hinzugeben. Mit etwas Kräutersalz und schwarzem Pfeffer würzen und die Crème fraîche unterrühren. Die Kartoffelhälften in eine feuerfeste Form geben, die Champignons hineinfüllen. Bleibt von der Füllung etwas übrig, wird sie um die Kartoffeln herumgelegt. Den Käse in feine

Streifen schneiden und auf die Kartoffeln legen. Alles im auf 200°C vorgeheizten Backofen 15 Minuten überbacken.

313 kcal/1310 kJ

ZWISCHENMAHLZEIT:

2 Mandarinen, 100 g   50 kcal/209 kJ

ABENDESSEN:

Kartoffelrösti mit Tomatensalat

1 mittelgroße Zwiebel, 50 g
1 mittelgroße, vorgegarte Pellkartoffel, 60 g
1 Ei, Gew.-Kl. 4
Kräutersalz
schwarzer Pfeffer
½ TL Öl
3 kleine Tomaten, 150 g
Schnittlauch
Zitronensaft

Die Zwiebel schälen, in feine Würfel schneiden und in einer beschichteten Pfanne ohne Fett anrösten. Die Kartoffel pellen und grob reiben. Mit dem Ei und den abgekühlten Zwiebeln vermischen und mit Kräutersalz und Pfeffer würzen. Die Pfanne mit ¼ TL Öl auspinseln und den Teig hineingeben. Bei mittlerer Hitze unter mehrmaligem Rütteln der Pfanne 7 Minuten braten. Dann den Kartoffelkuchen vorsichtig auf einen Topfdeckel gleiten lassen, die Pfanne erneut mit ¼ TL Öl auspinseln und den Kuchen von der anderen Seite 7 Minuten braten.

In der Zwischenzeit die Tomaten waschen, die Stielansätze herausschneiden. Die Tomaten in Scheiben geschnitten fächerartig auf einem Teller anrichten, mit Schnittlauchröllchen, Kräutersalz und Pfeffer bestreuen und ein paar Spritzer Zitronensaft darübergeben.
Salat zu dem heißen Rösti essen.

205 kcal/858 kJ

Kartoffel nach Art Cordon bleu ▷
(Rezept S. 89)

Die 5-Tage-Kartoffel-Diät fürs Büro

Sind Sie berufstätig und bietet Ihre Kantine zu Ihrem Leidwesen kein Diätmenü an, oder sind Sie gar auf Selbstversorgung angewiesen? Dann kann diese 5-Tage-Büro-Diät eine echte Alternative für Sie sein. Ob als Einstieg in eine längerfristig angesetzte Diätphase oder nur um ein bis zwei Kilo loszuwerden, diese Diät läßt sich mühelos am Arbeitsplatz durchführen. Sie ist aufgeteilt in 5 Mahlzeiten pro Tag:

200 kcal für das Frühstück
100 kcal für das 2. Frühstück
300 kcal für das Mittagessen
100 kcal für den Snack am Nachmittag
und 300 kcal für das Abendessen zu Hause.

Ihren Mittagspausen-Imbiß bereiten Sie entweder am Vorabend oder morgens zu. Das geschieht ohne viel Aufwand, und die den jeweiligen Tagen zugeordneten Einkaufslisten werden Ihnen helfen, Ihre Vorräte am Abend noch schnell zu besorgen. Vergewissern Sie sich auch, ob die nötigen Grundlebensmittel bereits vorhanden sind. Und das wichtigste nicht vergessen:

gut verschließende Kühlboxen, die in den nächsten 5 Tagen Ihre ständigen Begleiter sein werden.

Noch ein paar Tips, wie sich der Diät-Alltag verschönern läßt: Frühstücken Sie auf jeden Fall in Ruhe zu Hause, auch wenn der Wecker deswegen eine halbe Stunde früher klingelt. Gönnen Sie sich einfach diese Zeit, um den Tag in entspannter Atmosphäre zu beginnen. Verzichten Sie auf keinen Fall auf die Zwischenmahlzeiten, die Gefahr ist einfach zu groß, daß Sie dann unverhofft ein großer Heißhunger packt. Besteht die Möglichkeit, die Mittagspause in einem Park oder einer hübschen Grünanlage zu verbringen, nutzen Sie diese. Es gibt kaum etwas Ungemütlicheres, als sich schnell zwischen all seiner unerledigten Arbeit, möglichst noch unterbrochen von dringenden Telefonaten, sein Mittagessen »reinzuziehen«. Die zweite Zwischenmahlzeit sollten Sie kurz vor Feierabend zu sich nehmen, dann wird die Spanne zwischen Einkauf und Abendessen nicht zu lang.
Diese Tips helfen Ihnen übrigens nicht nur während einer Diät, sie können auch im normalen Arbeitsalltag zu etwas mehr Entspannung beitragen.

Was Sie am Samstag einkaufen müssen, bzw. im Hause haben sollten:

1 kleine Packung Vollkorntoast
1 Packung Knäckebrot
Butter, halbfett
2 Scheiben Corned beef à 30 g
2 kalorienreduzierte Würstchen à 50 g (z. B. von ›Du darfst‹)
kalorienreduzierter Schnittkäse (z. B. von ›Du darfst‹)
Crème fraîche, 30 % Fett i. Tr.

⅛ l Orangensaft, ohne Zuckerzusatz
¼ l Tomatensaft
1 Ei, Gew.-Kl. 4
2—3 Zitronen
4 mittelgroße Zwiebeln à 50 g
15 mittelgroße Kartoffeln à 60 g
1 Bund Radieschen
1 kleiner Apfel, 100 g
1 Kiwi, 100 g
Petersilie
1 Packung TK-Suppengemüse, 150 g
1 Packung TK-Spinat, 300 g
evtl. Knoblauch
Müslimischung ohne Zuckerzusatz (z. B. Früchtemüsli aus dem Reformhaus)
Honig
Tomatenmark aus der Tube
Gemüsebrühe, Instant (aus dem Reformhaus)
Gewürzgurken
1 Dose Ananas ohne Zuckerzusatz
kalorienreduzierte Salatcreme
Öl, möglichst kaltgepreßt
Essig, z. B. Balsamico- oder Estragon-Essig
Sojasauce, salzig
Kräutersalz (z. B. aus dem Reformhaus)
Pfeffer aus der Mühle
Lorbeerblätter
Worcestersauce
Oregano, getrocknet
Paprikapulver
Cayennepfeffer
Majoran, getrocknet
Basilikum, getrocknet
Curry

MONTAG

Sie brauchen für das Mittagessen 1 mittelgroße, vorgegarte Pellkartoffel, 60 g

Einkaufsliste (schon am Samstag besorgen):

5 kleine Tomaten à 50 g
1 mittelgroße Paprikaschote, 150 g
125 g Weintrauben
1 kleiner Eisbergsalat
1 Salatgurke, 400 g
1 Bund Radieschen
frische Kräuter, wie Petersilie, Dill, Schnittlauch, Zitronenmelisse
100 g ausgelöste Krabben
250 g Beefsteakhack

FRÜHSTÜCK:

Toast mit Corned beef und Orangensaft

1 Scheibe Vollkorntoast
1 gestrichener TL Butter, halbfett
1 Scheibe Corned beef, 30 g
0,1 l ungesüßter Orangensaft

Das Brot toasten, mit der Butter bestreichen und das Corned beef darauflegen. Den Orangensaft und Kaffee oder Tee ohne Milch und Zucker dazu trinken.

205 kcal/858 kJ

ZWISCHENMAHLZEIT:

Fruchtsalat aus 1 kleinen Apfel, 100 g, und 1 Kiwi, 100 g

97 kcal/406 kJ

MITTAGESSEN:
Kartoffelsalat nach Schweizer Art

1 mittelgroße, vorgegarte Pellkartoffel, 60 g
1 kalorienreduziertes Würstchen, 50 g
1 Scheibe kalorienreduzierter Schnittkäse, 30 g
1 Gewürzgurke, 100 g
1 TL Öl
Essig
Gemüsebrühe, Instant
Salz
frischgemahlener schwarzer Pfeffer
Petersilie
1 Bund Radieschen

Kartoffel pellen und in Würfel schneiden, das Würstchen in Scheiben schneiden. Den Käse in schmale Streifen schneiden, die Gewürzgurke würfeln. Salatzutaten in eine verschließbare Schüssel geben und die Salatsauce aus 1 TL Öl, Essig, etwas Gemüsebrühe, Salz, schwarzem Pfeffer und feingewiegter Petersilie untermischen. Kurz vor dem Verzehr die in Scheibchen oder Viertel geschnittenen Radieschen unterheben.

303 kcal/1268 kJ

ZWISCHENMAHLZEIT:

0,25 l Tomatensaft mit Kräutersalz und schwarzem Pfeffer gewürzt, dazu 1 Scheibe Knäckebrot.

100 kcal/418 kJ

ABENDESSEN:
Kartoffel-Gemüse-Minestrone

2 kleine Tomaten, 100 g
1 mittelgroße Paprikaschote, 150 g
2 mittelgroße Kartoffeln, 120 g
1 mittelgroße Zwiebel, 50 g
150 g TK-Suppengemüse
¼ l Gemüsebrühe, Instant
1 Lorbeerblatt
Kräutersalz
frischgemahlener schwarzer Pfeffer
50 g Tatar (Beefsteakhack)
Worcestersauce
feingewiegte Petersilie

Die Tomaten mit kochendem Wasser überbrühen und pellen, in mundgerechte Stücke schneiden. Paprika waschen, Stielansatz und Kerne herausschneiden und in Stücke schneiden. Kartoffel schälen, in Würfel schneiden, Zwiebel schälen und achteln. ¼ l Gemüsebrühe zum Kochen bringen und das vorbereitete Gemüse, einschließlich des TK-Suppengemüse, hineingeben. Mit 1 Lorbeerblatt, evtl. noch etwas Kräutersalz und schwarzem Pfeffer würzen. Zugedeckt bei mittlerer Hitze 15 Minuten köcheln lassen. In der Zwischenzeit das Hackfleisch mit einem Spritzer Worcestersauce, Pfeffer und Kräutersalz abschmecken und in kleine Klößchen formen. In der Minestrone 5 Minuten gar ziehen lassen, nicht mehr kochen. Vor dem Servieren die Suppe mit reichlich frischer, feingewiegter Petersilie bestreuen.

296 kcal / 1238 kJ

DIENSTAG

Für heute brauchen Sie 2 mittelgroße, vorgegarte Pellkartoffeln, 120 g

Einkaufsliste:

1 fettarmer (1,5 % Fett i. Tr.) Joghurt, 150 g
1 fettarmer Fruchtjoghurt, mit Süßstoff gesüßt, 150 g
1 Orange
1 mittelgroße Paprikaschote, 150 g

FRÜHSTÜCK:

Spiegelei und Buttertoast

1 Ei, Gew.-Kl. 4
Salz
Pfeffer
1 Scheibe Vollkorntoast
1 gestrichener TL Butter, halbfett
1 kleine Tomate, 50 g

Das Ei in einer beschichteten Pfanne ohne Fett braten und mit Salz und schwarzem Pfeffer würzen. Das Brot toasten und mit der Butter bestreichen. Die in Scheiben geschnittene Tomate dazu essen. Nach Wahl Kaffee oder Tee ohne Milch und Zucker.

200 kcal/837 kJ

ZWISCHENMAHLZEIT:

125 g Weintrauben   90 kcal/377 kJ

MITTAGESSEN:
Kartoffel-Krabben-Salat

2 mittelgroße, vorgegarte Pellkartoffeln, 120 g
100 g ausgelöste Krabben
50 g Ananas ohne Zucker aus der Dose, restliche Ananas in verschlossenem Gefäß im Kühlschrank aufbewahren
Zitronensaft
1 schwach gehäufter EL kalorienreduzierte Salatcreme, 15 g
Salz
frischgemahlener schwarzer Pfeffer
frischer Dill
1 Portion Eisbergsalat
200 g Salatgurke

Die Kartoffeln pellen und in Würfel schneiden. Mit den Krabben und der in Stückchen geschnittenen Ananas in eine verschließbare Schüssel geben. Mit einem Dressing aus Zitronensaft, Salatcreme, Salz, Pfeffer und feingehacktem Dill vermengen. Den Eisbergsalat waschen und in Stücke schneiden, die Gurke schälen und in Scheibchen hobeln. Separat mitnehmen und erst kurz vor dem Essen unterheben, falls nötig noch nachwürzen.

303 kcal/1268 kJ

ZWISCHENMAHLZEIT:

1 Scheibe Knäckebrot mit ½ Scheibe kalorienreduziertem Käse belegen, 1 Bund Radieschen dazu essen.

101 kcal/423 kJ

ABENDESSEN:
Pellkartoffeln mit Hackfleischsauce und Salat

*1 mittelgroße Kartoffel,
60 g
200 g Beefsteakhack
2 TL Öl
2 mittelgroße Zwiebeln,
100 g
1 kleine Knoblauchzehe
2 kleine Tomaten, 100 g
2 TL Tomatenmark
Gemüsebrühe, Instant
frischgemahlener
schwarzer Pfeffer
Salz
Oregano, getrocknet
1 Portion Eisbergsalat
1 TL Öl
Essig
frische Kräuter (Petersilie,
Schnittlauch, Zitronenmelisse, Dill)*

Die Kartoffel in reichlich Wasser garen. Währenddessen das Hackfleisch in 2 TL Öl in einer beschichteten Pfanne anbraten. Die Zwiebeln schälen, in kleine Würfelchen schneiden und mit in die Pfanne geben, glasig werden lassen. Die Hälfte der Masse für nächsten Mittag im Kühlschrank aufheben. Knoblauch schälen und zerdrücken, Tomaten, mit kochendem Wasser überbrüht und gepellt, in kleine Stücke schneiden und zu dem Hackfleisch geben. Kurz mitdünsten lassen, dann mit Tomatenmark, etwas Gemüsebrühe, schwarzem Pfeffer, Salz und Oregano abschmecken. Noch 10 Mi-

nuten bei leichter Hitze zugedeckt schmoren lassen. Den Salat waschen, in Stücke schneiden und mit einer Marinade aus Öl, Essig, feingehackten frischen Kräutern, Pfeffer und Salz anmachen.
Die gepellte Kartoffel mit der Hackfleischsauce auf einem vorgewärmten Teller anrichten, den Salat dazu essen.

310 kcal/1297 kJ

MITTWOCH

Sie brauchen für das Mittagessen 1 mittelgroße, vorgegarte Pellkartoffel, 60 g

Einkaufsliste:

1 mittelgroße Kohlrabi, 200 g
Petersilie
1 Croissant
1 Becher körniger Frischkäse
1 kleine Tomate, 50 g
200 g Seelachsfilet

FRÜHSTÜCK:

Orangenmüsli

*2 schwach gehäufte EL
Müsli ohne Zuckerzusatz
(z. B. Früchtemüsli aus
dem Reformhaus)*

*1 Becher fettarmer
(1,5 % Fett i. Tr.) Joghurt,
150 g
½ Orange, 75 g*

Das Müsli mit dem Joghurt vermischen und 20 Minuten ausquellen lassen. Die Orange schälen und klein schneiden, unter das Müsli mischen. Dazu gibt es Kaffee oder Tee ohne Zucker und Milch.

187 kcal/782 kJ

ZWISCHENMAHLZEIT:

1 Scheibe Knäckebrot mit 1 Scheibe Corned beef, 30 g, und 1 Gewürzgurke, 100 g

105 kcal/439 kJ

MITTAGESSEN:
Kartoffel-Paprika-Salat

Vom Vortag, bereits vorgegart:
100 g Beefsteakhack
1 TL Öl
1 mittelgroße Zwiebel

Außerdem:
1 mittelgroße, vorgegarte Pellkartoffel, 60 g
1 mittelgroße Paprikaschote, 150 g

Salz
frischgemahlener schwarzer Pfeffer
Paprikapulver
1 kleine Prise Cayennepfeffer
Majoran, getrocknet
Essig
Gemüsebrühe, Instant
2 TL Crème fraîche, 30 % Fett i. Tr.

Die am Vorabend vorbereitete Hackfleischzubereitung mit der gepellten, in Scheiben geschnittenen Kartoffel und der gewaschenen, von Stielansatz und Kernen befreiten, in kleine Stücke geschnittenen Paprika in einer verschließbaren Schüssel vermengen. Mit Salz, Pfeffer, Paprikapulver, wenig Cayennepfeffer und Majoran würzen. Zum Schluß Essig, ein wenig Gemüsebrühe und die Crème fraîche dazugeben und gut vermengen.

305 kcal/1276 kJ

ZWISCHENMAHLZEIT:

1 fettarmer, mit Süßstoff gesüßter Fruchtjoghurt (auf die Kalorienangabe achten!).

max. 100 kcal/418 kJ

ABENDESSEN:

Pellkartoffeln mit gebratenem Fisch und Salat

*2 mittelgroße Kartoffeln,
120 g
1 mittelgroße Kohlrabi,
200 g
Petersilie
Zitronensaft
Kräutersalz
frischgemahlener
schwarzer Pfeffer*

*1 TL Crème fraîche,
30 % Fett i. Tr.
100 g Seelachsfilet
1 TL Öl
Gemüsebrühe, Instant
1 TL Crème fraîche,
30 % Fett i. Tr.*

Die Kartoffeln in reichlich Wasser gar kochen.
In der Zwischenzeit die Kohlrabi schälen und grob raspeln. Mit feingehackter Petersilie, Zitronensaft, Kräutersalz, Pfeffer und 1 TL Crème fraîche abschmecken.
Den Fisch in 1 TL Öl in einer beschichteten Pfanne von beiden Seiten goldgelb braten, mit Kräutersalz und Pfeffer würzen. Fisch und gepellte Kartoffeln auf einem vorgewärmten Teller anrichten. Den Bratensatz in der Pfanne mit etwas Gemüsebrühe und dem restlichen TL Crème fraîche lösen und über die Kartoffeln geben.
Salat dazu essen.

307 kcal / 1248 kJ

DONNERSTAG

Heute brauchen Sie 2 mittelgroße, vorgegarte Pellkartoffeln, 120 g

Einkaufsliste:

200 g Bleichsellerie
1 fettarmer (1,5 % Fett i. Tr.) Joghurt, 150 g
Dill, Petersilie
1 kleine Melone, ca. 600 g
350 g Möhre
2 kleine Putenschnitzel, zusammen 225 g
150 g Sojasprossen
1 mittelgroße Paprikaschote, 150 g
1 Croissant

FRÜHSTÜCK:

Honig-Croissant

1 Croissant, 45 g *1 TL Honig*

Croissant in der Länge halbieren und mit dem Honig bestreichen. Zuklappen und zu Kaffee oder Tee ohne Milch und Zucker essen.

205 kcal/858 kJ

ZWISCHENMAHLZEIT:

1 gehäufter EL, 70 g, körniger Frischkäse mit Paprikapulver, Salz und Pfeffer vermischen und auf 1 Scheibe

Knäckebrot verteilen. Mit ½, in Streifen geschnittenen Paprikaschote essen.

100 kcal/418 kJ

MITTAGESSEN:
Kartoffel-Fisch-Salat

2 mittelgroße, vorgekochte Pellkartoffeln, 120 g
200 g Bleichsellerie
Zitronensaft
½ fettarmer (1,5 % Fett i. Tr.) Joghurt, 75 g
1 schwach gehäufter EL kalorienreduzierte Salatcreme, 15 g

Salz
frischgemahlener schwarzer Pfeffer
Dill
Petersilie

außerdem: 100 g Seelachsfilet, schon am Vorabend gebraten

Die Kartoffeln pellen und in dünne Scheiben schneiden. Die Bleichsellerie waschen und in feine Stücke schneiden. In eine verschließbare Schüssel geben und mit einem Dressing aus Zitronensaft, Joghurt, Salatcreme, Salz, Pfeffer und feingewiegten Kräutern anmachen. Ganz zum Schluß den in mundgerechte Stücke zerteilten Fisch vorsichtig unterheben.

307 kcal/1284 kJ

ZWISCHENMAHLZEIT:

½ kleine Melone, 300 g, auslöffeln.

ABENDESSEN:

Röstkartoffeln mit Putenschnitzel und Möhren

200 g Möhren
1 TL Öl
2 kleine Putenschnitzel, zusammen 225 g
1 mittelgroße, vorgegarte Pellkartoffel, 60 g
Salz
frischgemahlener schwarzer Pfeffer
Gemüsebrühe, Instant
Petersilie
1 TL Crème fraîche, 30 % Fett i. Tr.

Die Möhren waschen, putzen und in Scheibchen schneiden. In 1 TL Öl kurz anschmoren, mit Gemüsebrühe ablöschen und 15 Minuten zugedeckt bei mittlerer Hitze dünsten. In der Zwischenzeit die Putenschnitzel in einer beschichteten Pfanne ohne Fett von beiden Seiten goldbraun braten. Eins davon für den nächsten Tag im Kühlschrank aufheben. Die gepellte, in Würfel geschnittene Kartoffel dazugeben und rösten. Mit Salz und Pfeffer würzen. Die Möhren ebenfalls mit etwas Salz, falls nötig, und schwarzem Pfeffer abschmecken, vor dem Servieren reichlich feingewiegte Petersilie und Crème fraîche unterrühren.

315 kcal / 1318 kJ

FREITAG

Sie brauchen für das Mittag- und Abendessen heute
3 mittelgroße, vorgegarte Pellkartoffeln, 180 g

FRÜHSTÜCK:
Käsebrot und Melone

1 Scheibe Vollkorntoast *½ Scheibe kalorien-*
1 TL Butter, halbfett *reduzierter Käse, 15 g*
  ½ Melone, 300 g

Das Brot toasten, mit Butter bestreichen und dem Käse belegen. Die Melone auslöffeln. Dazu nach Wahl Kaffee oder Tee ohne Milch und Zucker.

183 kcal/766 kJ

ZWISCHENMAHLZEIT:

Möhrensalat aus 150 g Möhren, ½ TL Öl, Zitronensaft, Kräutersalz, Pfeffer und feingewiegter Petersilie, dazu 1 Scheibe Knäckebrot.

108 kcal/452 kJ

MITTAGESSEN:

Kartoffelsalat mit Sojasprossen und Putenfleisch

100 g Putenschnitzel (am Vorabend gebraten)
1 mittelgroße, vorgegarte Pellkartoffel, 60 g
150 g Sojabohnensprossen
½ mittelgroße Paprikaschote, 75 g
100 g Ananas ohne Zuckerzusatz aus der Dose
1 TL Öl
Essig
1 TL Sojasauce
Curry
frischgemahlener schwarzer Pfeffer
Salz
Cayennepfeffer

Das Putenschnitzel in kleine Stücke schneiden, die gepellte Kartoffel würfeln. Die Sojabohnensprossen waschen und gut abtropfen lassen, die Paprika waschen, putzen und in kleine Würfel schneiden. Alle Salatzutaten in eine verschließbare Schüssel geben. Mit einer Marinade aus 1 TL Öl, Essig, 1 TL Sojasauce, Curry, Pfeffer, Salz und einer winzigen Messerspitze Cayennepfeffer anmachen.

311 kcal / 1301 kJ

ZWISCHENMAHLZEIT:

100 g Ananas ohne Zuckerzusatz aus der Dose mit 2 TL Crème fraîche, 30 % Fett i. Tr..

92 kcal / 385 kJ

ABENDESSEN:

Kartoffel-Wurst-Pfanne mit Spinat

1 Paket TK-Spinat, 300 g
Gemüsebrühe, Instant
2 mittelgroße, vorgegarte Pellkartoffeln, 120 g
1 kalorienreduziertes Würstchen, 50 g
1 mittelgroße Zwiebel, 50 g
1 TL Öl
Salz
frischgemahlener schwarzer Pfeffer
Basilikum, getrocknet
1 TL Crème fraîche, 30 % Fett i. Tr.

Spinat bei mittlerer Hitze im geschlossenen Topf mit etwas Gemüsebrühe erwärmen. Kartoffeln pellen und in Würfel schneiden, Würstchen in kleine Stücke schneiden. Die Zwiebel schälen, würfeln und in 1 TL Öl in einer beschichteten Pfanne anbraten. Kartoffeln und Würstchen dazugeben und unter häufigem Wenden anrösten. Mit Salz und schwarzem Pfeffer abschmekken. Den Spinat mit evtl. noch etwas Salz, Pfeffer und Basilikum würzen und mit 1 TL Crème fraîche verfeinern. Alles auf einem vorgewärmten Teller servieren.

320 kcal / 1339 kJ

Die 7-Tage-Kartoffel-Schlemmerdiät

Abnehmen und trotzdem ein wenig schlemmen — diese Diät zeigt, daß sich beides sehr gut vereinbaren läßt. Und diesmal darf's sogar auch Kaviar sein, der besonders gut zu gebackener Kartoffel schmeckt. Außer diesem kulinarischen Höhenflug verteuert sich das Programm weiter nicht gar zu sehr, so daß Ihr Budget nicht belastet wird. Verwöhnen Sie sich mit feinen, erlaubten Getränken, zum Beispiel mit erlesenen Teesorten oder einem exquisiten Mineralwasser, dem In-Getränk der Yuppies. Vielleicht gelingt es Ihnen ja, die Diät-Woche in den Kurzurlaub zu verlegen und gleichzeitig jeden Tag ein bißchen Sport zu treiben, zumindest eine Stunde spazierenzugehen. Sie werden erstaunt sein, wie leicht es sich so mit der tollen Knolle abnehmen läßt. Denn, trotz Schlemmen, jeder Tag hat nur rund 1000 kcal und ist wie folgt unterteilt in:

Frühstück mit 200 kcal
Zwischenmahlzeit mit 100 kcal
Mittagessen mit 350 kcal
Zwischenmahlzeit mit 100 kcal
Abendessen mit 250 kcal

1. TAG

FRÜHSTÜCK:
Rührei mit Schinken

1 Ei, Gew.-Kl. 4
Salz
schwarzer Pfeffer aus der Mühle
2 Scheiben Lachsschinken ohne Fettrand, 30 g

1 Scheibe Toast
1 kleine Tomate, 50 g
Schnittlauch

Das Ei verkleppern und mit wenig Salz und schwarzem Pfeffer würzen. Den in Streifen geschnittenen Schinken in einer beschichteten Pfanne ohne Fett anbraten, das Ei darübergeben und stocken lassen. In der Zwischenzeit das Brot toasten, die Tomate in Scheibchen schneiden und mit Schnittlauchröllchen garnieren. Beides zu dem Rührei essen. Dazu gibt es Kaffee oder Tee ohne Milch und Zucker.

220 kcal/920 kJ

ZWISCHENMAHLZEIT:

1 mittelgroße reife Birne, 125 g

80 kcal/335 kJ

MITTAGESSEN:

Pellkartoffeln mit Kalbsgeschnetzeltem und Pfifferlingen

*2 mittelgroße Kartoffeln,
120 g
125 g Kalbsfilet
1 TL Öl
1 mittelgroße Zwiebel,
50 g
Gemüsebrühe, Instant
150 g Pfifferlinge, frisch
oder aus dem Glas
Salz
frischgemahlener
schwarzer Pfeffer
3 TL Crème fraîche,
30 % Fett i. Tr.
Petersilie
1 Portion Blattsalat
½ TL Öl
Zitronensaft
frische Salatkräuter*

Die Kartoffeln in reichlich Wasser gar kochen. Das Kalbsfilet in feine Streifen schneiden und in 1 TL Öl in einer beschichteten Pfanne anbraten. Die Zwiebel schälen, in feine Würfel schneiden und dazugeben. Wenn die Zwiebel glasig ist, mit etwas Gemüsebrühe ablöschen und die geputzten und halbierten Pfifferlinge hineingeben. Bei leichter Hitze 10 Minuten schmoren lassen, dann mit etwas Salz, Pfeffer, der Crème fraîche und der feingewiegten Petersilie abschmekken. Dazu gibt es den mit einer Marinade aus Öl, Zitronensaft, Salz, Pfeffer und feingehackten Kräutern angemachten Salat und die Pellkartoffeln.

425 kcal/1778 kJ

ZWISCHENMAHLZEIT:

1 Scheibe Knäckebrot mit 1 gehäuften EL Magerquark und 1 TL Honig bestrichen.

100 kcal/418 kJ

ABENDESSEN:
Kartoffel-Sellerie-Cremesuppe

1 mittelgroße Kartoffel, 60 g
150 g Knollensellerie
1 gestrichener TL Butter
¼ l Gemüsebrühe, Instant
frischgemahlener schwarzer Pfeffer
Salz
1 Prise geriebener Muskat
2 TL Crème fraîche, 30 % Fett i. Tr.

Kartoffel und Sellerie schälen und in kleine Stücke schneiden. In der Butter kurz anbraten, dann mit der Gemüsebrühe ablöschen. Das Ganze 15 Minuten bei mittlerer Hitze köcheln lassen, bis das Gemüse weich ist. Dann die Suppe mit dem Pürierstab zerkleinern oder durch ein Sieb passieren oder mit dem Kartoffelstampfer gründlich zerkleinern. Suppe, falls nötig, noch einmal erhitzen, mit Pfeffer, Salz, Muskat und der feingehackten Petersilie abschmecken. Zum Schluß die Crème fraîche unterrühren.

198 kcal/828 kJ

2. TAG

FRÜHSTÜCK:

Rosinenbrötchen

1 Rosinenbrötchen, frisch vom Bäcker oder aufgebacken

1 gestrichener TL Butter
1 TL Honig

Das Brötchen halbieren, Butter und Honig darauf verteilen. Nach Wunsch gibt es Kaffee oder Tee ohne Milch und Zucker dazu.

220 kcal/920 kJ

ZWISCHENMAHLZEIT:

Salat aus 1 mittelgroßen Kohlrabi, 200 g, geraspelt, mit 1 TL Öl, Zitronensaft, Salz, Pfeffer und feingehackter Zitronenmelisse angemacht.

80 kcal/335 kJ

MITTAGESSEN:

Pellkartoffeln und Rindermedaillons mit Kiwi-Pfeffer-Sauce

(Foto Seite 17)

4 mittelgroße Kartoffeln, 240 g, 2 davon für den Abend
2 Scheiben Rinderfilet, 120 g
1 TL Butter
Salz
Pfeffer aus der Mühle
2 EL trockener Weißwein

3 TL Crème fraîche, 30 % Fett i. Tr.
1 TL eingelegte, grüne Pfefferkörner
1 Kiwi, 100 g
1 Portion Blattsalat
½ TL Öl
Zitronensaft
frische Salatkräuter

Die Kartoffeln in reichlich Wasser garen. In der Zwischenzeit die Medaillons in der Butter in einer beschichteten Pfanne von beiden Seiten je 2 Minuten braten. Dann mit Salz und Pfeffer würzen und in Alufolie gewickelt warm stellen. Den Bratensatz mit dem Weißwein ablöschen, etwas einkochen. Die Crème fraîche unterrühren und die Pfefferkörner hinzufügen. Die Sauce noch einmal kurz erhitzen. Die Kiwis, geschält und in Scheiben geschnitten, dazugeben. Die Medaillons mit der Sauce und den 2 Pellkartoffeln auf einem vorgewärmten Teller anrichten. Dazu gibt es Salat, mit einer Marinade aus ½ TL Öl, Zitronensaft, Salz, Pfeffer und frischen feingewiegten Kräutern angemacht.

430 kcal/1799 kJ

ZWISCHENMAHLZEIT:

1 mittelgroßer Apfel, 150 g   70 kcal/293 kJ

ABENDESSEN:
Röstkartoffeln mit Feldsalat und Schinken

2 mittelgroße, vorgegarte Pellkartoffeln, 120 g
2 Scheiben Lachsschinken ohne Fettrand, 30 g
1 TL Öl
1 Portion Feldsalat, 100 g
Salz
frischgemahlener schwarzer Pfeffer
Zitronensaft
1 TL Crème fraîche, 30 % Fett i. Tr.

Die Kartoffeln in kleine Würfel, Lachsschinken in feine Streifen schneiden. In einer beschichteten Pfanne in 1 TL Öl rösten. In der Zwischenzeit den Feldsalat waschen, putzen und mit Salz, Pfeffer, Zitronensaft und Crème fraîche anmachen. Auf einem Teller anrichten und die Röstkartoffeln, mit Pfeffer und Salz abgeschmeckt, darauf geben.

210 kcal/879 kJ

3. TAG

FRÜHSTÜCK:
Käse-Schinken-Brötchen

1 Roggenbrötchen, 45 g
2 TL Crème fraîche,
30 % Fett i. Tr.

½ Scheibe kalorienreduzierter Schnittkäse
2 Scheiben Lachsschinken ohne Fettrand, 30 g

Das Brötchen halbieren, mit Crème fraîche bestreichen, Käse und Schinken darauflegen und zugeklappt essen. Kaffee oder Tee ohne Milch und Zucker.

230 kcal/962 kJ

ZWISCHENMAHLZEIT:

Das Fruchtfleisch von ½ Grapefruit, in Stücke geschnitten und verfeinert mit 1 TL Crème fraîche, 30 % Fett i. Tr., und 1 TL Honig.

90 kcal/377 kJ

MITTAGESSEN:

Kartoffeleintopf mit Frühlings-Rahmgemüse

3 mittelgroße Kartoffeln, 180 g, 1 davon für den Abend
1 mittelgroße Kohlrabi, 200 g
3 Lauchzwiebeln
150 g Blumenkohl
150 g Möhren
1 gestrichener TL Butter

Gemüsebrühe, Instant
Salz
schwarzer Pfeffer
Petersilie
Schnittlauch
Kerbel
1 TL Dijon-Senf
3 TL Crème fraîche, 30 % Fett i. Tr.

Das Gemüse waschen, schälen, putzen und in mundgerechte Stücke schneiden. In einem Topf in der Butter leicht anbraten, dann mit Gemüsebrühe ablöschen. Zugedeckt bei mittlerer Hitze etwa 15 Minuten garen, das Gemüse soll noch »Biß« haben. Dann mit Salz, frischgemahlenem schwarzen Pfeffer und den feingewiegten Kräutern, 1 TL Dijon-Senf und der Crème fraîche abschmecken.

398 kcal / 1665 kJ

ZWISCHENMAHLZEIT:

1 Scheibe Knäckebrot mit 1 gehäuften EL körnigem Frischkäse belegt, gewürzt mit Paprikapulver, dazu 1 kleine Tomate, 50 g.

100 kcal / 418 kJ

ABENDESSEN:

Kartoffel-Gemüse-Salat mit Räucherlachs

1 mittelgroße, vorgegarte Kartoffel, 60 g
1 Portion Roma- oder Frisée-Salat
1 Bund Radieschen
1 TL Öl
Zitronensaft
Dill
frischgemahlener schwarzer Pfeffer aus der Mühle
Salz
50 g Räucherlachs

Die Kartoffel pellen und in feine Scheibchen schneiden. Den Salat waschen und zerkleinern, Radieschen waschen, putzen und in Scheiben schneiden. In eine Schüssel geben und mit einer Marinade aus Öl, Zitronensaft, feingewiegtem Dill, Pfeffer und Salz vermengen. Den Lachs in feine Streifen schneiden und auf dem Salat anrichten.

215 kcal/900 kJ

4. TAG

FRÜHSTÜCK:
Käsebrot und Grapefruit

1 Scheibe Vollkornbrot, 45 g
1 TL Crème fraîche, 30 % Fett i. Tr.
½ Scheibe kalorienreduzierter Schnittkäse
½ Grapefruit
½ TL Streusüße ohne Zucker (Candarel)

Das Brot mit der Crème fraîche bestreichen und mit dem Käse belegen. Die Grapefruit, mit Streusüße gesüßt, auslöffeln. Dazu gibt es Kaffee oder Tee ohne Milch und Zucker.

210 kcal/879 kJ

ZWISCHENMAHLZEIT:

1 fettarmer (1,5 % Fett i. Tr.) Joghurt, 150 g, gesüßt mit 1 TL Honig und mit Zimtpulver abgeschmeckt.

115 kcal/481 kJ

MITTAGESSEN:
Kartoffel-Brokkoli-Auflauf

4 mittelgroße Kartoffeln, 240 g, 2 davon für den Abend
150 g Brokkoli
Salz
2 Scheiben Kochschinken ohne Fettrand, 60 g
1 Ei, Gew.-Kl. 4
1 EL fettarme Milch
2 TL Crème fraîche, 30 % Fett i. Tr.
geriebener Muskat
schwarzer Pfeffer aus der Mühle

Die Kartoffeln in reichlich Salzwasser garen. Die Brokkoli waschen, putzen und mit einer Tasse leicht gesalzenem Wasser 15 Minuten dünsten. Den Schinken in Streifen schneiden und in einer beschichteten Pfanne anrösten. Kartoffeln pellen und in Scheiben schneiden und abwechselnd mit den gegarten Brokkolistückchen und den Schinkenstreifen in eine feuerfeste Auflaufform geben. Das Ei mit der Milch und der Crème fraîche verkleppern, mit Muskat, Pfeffer und Salz würzen. Die Eimasse über die Gemüse-Schinken-Mischung geben und alles im auf 200 °C vorgeheizten Backofen 15—20 Minuten überbacken, bis das Ei stockt und sich eine goldbraune Kruste gebildet hat.

413 kcal / 1728 kJ

ZWISCHENMAHLZEIT:

1 mittelgroße Orange, 150 g

80 kcal / 335 kJ

ABENDESSEN:

Bratkartoffeln und Gurkensalat mit Krabben

2 mittelgroße, vorgegarte Pellkartoffeln, 120 g
1 mittelgroße Zwiebel, 50 g
1 TL Öl
Salz
frischgemahlener schwarzer Pfeffer
Majoran, getrocknet
250 g Salatgurke
Zitronensaft
1 TL Crème fraîche, 30 % Fett i. Tr.
Dill
50 g Krabben

Die gepellten Kartoffeln und die geschälte Zwiebel in kleine Würfel schneiden und in 1 TL Öl in einer beschichteten Pfanne rösten. Mit Salz und Pfeffer und getrocknetem Majoran würzen. Die Gurke schälen, in feine Scheibchen hobeln und mit einem Dressing aus Zitronensaft, Crème fraîche, Salz, Pfeffer und feingewiegtem Dill anmachen, mit den Krabben belegen. Die Bratkartoffeln heiß dazu essen.

245 kcal / 1026 kJ

5. TAG

FRÜHSTÜCK:
Vollkornbrot mit Apfel-Frischkäse

1 Scheibe Vollkornbrot, 45 g

1 gehäufter EL körniger Frischkäse, 40 g
½ mittelgroßer Apfel, 75 g

Das Brot mit dem körnigen Frischkäse belegen. Den Apfel in feine Schnitze schneiden und auf dem Brot verteilen. Nach Wunsch gibt es Kaffee oder Tee ohne Milch und Zucker.

195 kcal/816 kJ

ZWISCHENMAHLZEIT:

1 Scheibe Knäckebrot mit 1 TL Senf bestreichen und ½ Scheibe kalorienreduziertem Schnittkäse belegen. Dazu gibt es 1 kleine saure Gurke, 50 g.

100 kcal/418 kJ

Kartoffelsalat mit Matjes ▷
(Rezept S. 90)

MITTAGESSEN:

Folienkartoffeln mit Kaviar und Salat

3 mittelgroße Kartoffeln, 180 g, 1 davon für den Abend
5 EL saure Sahne (10 % Fett i. Tr.), 75 g
Salz
frischgemahlener schwarzer Pfeffer
Dill

1 große Portion Blattsalat, Frisée, Lollo Rosso oder Eichblattsalat
2 TL Öl
Zitronensaft
6 TL Kaviar, echten oder Keta- oder Forellenkaviar, 30 g Zitronenschnitze zum Garnieren

Die Kartoffeln unter fließendem Wasser gründlich abbürsten und in Alufolie einwickeln. Im auf 220 °C vorgeheizten Backofen etwa 45—60 Minuten garen. In der Zwischenzeit die saure Sahne mit Salz, Pfeffer und reichlich feingewiegtem Dill abschmecken. Den Salat waschen, zerpflücken und auf einer Platte anrichten. Eine Marinade aus Öl, Zitronensaft, Salz und Pfeffer zubereiten und über den Salat geben. 2—3 Salatblätter ohne Marinade lassen, darauf den Kaviar anrichten. Mit Zitronenschnitzen dekorieren. Zu den heißen Folienkartoffeln das Sahnedressing essen.

430 kcal/1799 kJ

ZWISCHENMAHLZEIT:

Fruchtsalat aus ½ mittelgroßen Apfel, 75 g, 1 Kiwi, 75 g, und 1 TL Crème fraîche, 30 % Fett i. Tr.

105 kcal/439 kJ

ABENDESSEN:
Kartoffel-Tomaten-Salat mit gefülltem Ei

1 mittelgroße, vorgegarte Pellkartoffel, 60 g
3 kleine Tomaten, 150 g
1 Lauchzwiebel
1 TL Öl
Balsamico-Essig
Salz
schwarzer Pfeffer aus der Mühle
frischer Basilikum
1 Ei, Gew.-Kl. 4
1 TL Dijon-Senf
Petersilie

Das Ei hart kochen. In der Zwischenzeit die Kartoffel pellen und in Würfel schneiden. Tomaten waschen, Stielansatz herausschneiden und das Fruchtfleisch würfeln. Lauchzwiebeln waschen, putzen und in feine Ringe schneiden. Alles in einer Schüssel mit einer Marinade aus Öl, Balsamico-Essig, Salz, Pfeffer und frischem Basilikum anmachen. Das Ei abkühlen lassen, halbieren und vorsichtig das Eigelb herausnehmen. Eigelb, Senf, Salz, Pfeffer und feingewiegte Petersilie verkneten und diese Masse in die Hälften füllen. Auf dem Salat anrichten.

220 kcal/920 kJ

6. TAG

FRÜHSTÜCK:

Brötchen mit Schinkenröllchen

1 gehäufter TL körniger Frischkäse
1 EL gehackte Kräuter
1 Cornichon
1 große Scheibe Putenschinken, 30 g
1 frisches, knuspriges Brötchen, 45 g
1 mittelgroße Tomate, 50 g
Salz
Pfeffer aus der Mühle

Frischkäse mit Kräutern und gehacktem Cornichon vermischen und damit die Schinkenscheiben füllen, aufrollen. Tomaten in Scheiben schneiden, mit Salz und Pfeffer bestreuen. Alles zu dem Brötchen anrichten. Dazu — wie üblich — Tee oder Kaffee ohne Milch und Zucker.

208 kcal/870 kJ

ZWISCHENMAHLZEIT:

1 schöne, reife Mango, 120 g, halbieren, den Kern herausschneiden und das Fruchtfleisch in der Schale rautenförmig einschneiden und mit einem Löffel aushöhlen.

80 kcal/335 kJ

Tip: gibt es keine Mango, kann statt dessen 1 dicker Pfirsich oder 1 Apfel gegessen werden.

MITTAGESSEN:

Kartoffel nach Art Cordon bleu

(Foto Seite 51)

1 große Bintje-Kartoffel, 100 g, plus 2 mittelgroße Kartoffeln, 120 g, für den Abend
1 TL Kartoffelmehl, 10 g
1 kleines Eigelb
Salz
Pfeffer aus der Mühle
1 Prise geriebener Muskat
1 Msp edelsüßes Paprikapulver
1 EL Paniermehl
1 kleine Scheibe Putenschinken, 20 g
1 kleine Scheibe fettarmer Edamer, 10 % Fett i. Tr., 20 g
2 TL Öl
2 kleine Tomaten, 100 g
einige Basilikumblätter

Die Bintje einschließlich der mittelgroßen Kartoffeln in reichlich Wasser kochen. Bintje pellen und erkalten lassen. Dann auf der Gemüsereibe grob raspeln und mit Kartoffelmehl, Eigelb, je 1 Prise Salz, Pfeffer, Muskat und dem Paprikapulver verkneten, zu einem Teig verarbeiten. Teig auf dem Paniermehl zu einem Fladen formen, auf die eine Hälfte Schinken und Käse legen und die andere Hälfte darüberklappen, die Seiten zusammendrücken. 1 TL Öl in einer beschichteten Pfanne erhitzen und das Cordon bleu erst auf der einen, dann mit dem zweiten TL Öl auf der anderen Hälfte braten. Die Tomaten waschen, den Stielansatz entfernen und in Scheiben schneiden, mit dem zerzupften Basilikum und Salz sowie Pfeffer bestreut zum Cordon bleu essen.

359 kcal / 1502 kJ

ZWISCHENMAHLZEIT:

1 Portion Diät Erdbeer- oder Schoko-Vanilleeis (z. B. von Langnese, auf die Kalorienangabe achten!)

75 bzw. 80 kcal/314 bzw. 335 kJ

ABENDESSEN:
Kartoffelsalat mit Matjes

(Foto Seite 85)

2 mittelgroße, vorgekochte Kartoffeln, 120 g
½ Matjesfilet, 40 g
Pfeffer aus der Mühle
1 EL Zitronensaft
1 Bund Radieschen
2 EL Saladessa-Sauerrahm-Dressing mit Knoblauch
½ Bund Schnittlauch

Die vorgegarten Kartoffeln pellen und in Scheibchen schneiden. Matjesfilet kurz abspülen und in ½ cm breite Streifen schneiden, mit Pfeffer und Zitronensaft marinieren. Radieschen waschen und putzen, einige zum Garnieren beiseite legen. Kartoffeln, Matjes und Radieschen mit dem Dressing vermischen und mit Schnittlauchröllchen bestreuen und den restlichen Radieschen garnieren.

313 kcal/1310 kJ

7. TAG

FRÜHSTÜCK:

Quark-Kressebrot und Möhrensaft

1 Scheibe Vollkornbrot, 40 g
2 EL Magerquark
2 EL fettarme (1,5 % Fett i. Tr.) Milch
½ Kästchen Kresse
1 Glas, 0,2 l, Möhrensaft

240 kcal/1004 kJ

ZWISCHENMAHLZEIT:

200 g Melone   52 kcal/218 kJ

MITTAGESSEN:

Irish Stew

(Foto Seite 103)

100 g Lammfilet oder sehr mageres Lammfleisch aus der Keule
10 g Pfefferbutter
200 g Wirsing
1 mittelgroße Kartoffel, 60 g
1 mittelgroße Zwiebel, 50 g
Gemüsebrühe, Instant
Salz
Pfeffer aus der Mühle

Fleisch abspülen, mit Küchenkrepp trockentupfen und in Würfel schneiden. In einem Topf die Pfefferbutter erhitzen und das Fleisch darin anbraten. Wirsing putzen und grob auf der Gurkenreibe raffeln oder in feine Streifchen schneiden. Die Kartoffel schälen und würfeln, die Zwiebel ebenfalls schälen und in Würfelchen schneiden. Das ganze Gemüse mit ½ Tasse Gemüsebrühe zum Fleisch geben und zugedeckt etwa 45—50 Minuten garen — evtl. etwas Brühe oder Wasser nachgießen. Mit Salz und Pfeffer abschmecken.

342 kcal/1431 kJ

ZWISCHENMAHLZEIT:

1 Becher Magermilchjoghurt, 150 g, vermischt mit 100 g würfelig geschnittener Melone.

86 kcal/360 kJ

ABENDESSEN:

Kartoffelrahmsuppe mit Shiitake-Pilzen

(Foto Seite 121)

1 große Kartoffel, 100 g
¼ l Hühnerbrühe, Instant
30 g Shiitake-Pilze
oder 2—3 schöne
Champignonköpfe
1 Stengel Petersilie
1 TL Butter
Salz
Pfeffer aus der Mühle
2 EL kalorienreduzierte
Sahne, 10 % Fett i. Tr.
1 frisches oder aufge-
backenes Brötchen

Die Kartoffel schälen und in Scheiben schneiden. In der Hühnerbrühe weich kochen. Die Shiitake-Pilze oder Champignonköpfe putzen und ebenfalls in Scheiben schneiden. Petersilie waschen und die Blätter kleinzupfen. Die weichgekochte Kartoffel mit dem Schneebesen durchschlagen. Pilze in der Butter kurz andünsten, mit Salz und Pfeffer würzen. Die Kartoffelsuppe nochmals in einem Topf aufsetzen und erhitzen, aber nicht mehr kochen lassen. Sahne halbsteif schlagen und unterrühren, mit einem Pürierstab oder Schneebesen aufschlagen. Suppe in einen vorgewärmten Teller geben, Pilze hineinlegen und alles mit Petersilienblättchen garnieren. Dazu das Brötchen essen.

323 kcal/1352 kJ

Die 14-Tage-Holiday-Kartoffeldiät

Diese Kartoffeldiät-Variante wird alle ansprechen, die pikante, »gemüsige« Gerichte lieben, und entweder urlaubsvorbereitend noch ein paar Pfunde abnehmen wollen; oder diejenigen, die ein paar im letzten Urlaub hinzugekommene Pfunde mit Ideen aus der südländischen Küche abspecken wollen. Denn nur mit wenigen Abweichungen lassen sich italienische, französische, türkische, spanische und griechische Gerichte kalorienarm zubereiten.
Auf eines sollten Sie aber auf jeden Fall verzichten: auf Alkohol! Auch wenn ein Gläschen Wein den Genuß so richtig abrunden würde, greifen Sie lieber zu einem Glas Mineralwasser. Verwöhnen Sie sich doch einmal mit einem exquisiten französischen oder italienischen (Mineralwasser-)Tropfen, schön eisgekühlt und mit einer Zitronenscheibe garniert.
Die 14-Tage-Holiday-Kartoffeldiät ist wie folgt unterteilt in:

Frühstück mit 200 kcal
Zwischenmahlzeit mit 100 kcal
Mittagessen mit 400 kcal

Zwischenmahlzeit mit 100 kcal
Abendessen mit 200 kcal

Selbstverständlich können Berufstätige das Abendessen, das sich in der Regel schon vorher zubereiten läßt und kalt gegessen werden kann, statt des Mittagessens zur Arbeit mitnehmen. In diesem Fall wird einfach die warme Mahlzeit auf den Abend verschoben. Sie sollte nur möglichst nicht nach 19 Uhr eingenommen werden, da sonst der Stoffwechsel zu sehr belastet wird. Falls Sie an Ihrem Arbeitsplatz Probleme mit Knoblauch, bzw. dem daraus resultierenden Geruch haben sollten, können Sie sich mit Knoblauchsalz behelfen.
Noch ein Hinweis für all diejenigen, die diese Diät im Winter oder zu einer ungünstigen Zeit halten wollen, in der es gerade z. B. keine frischen Erdbeeren oder Pfirsiche gibt: man kann entweder auf tiefgefrorenes Obst oder Gemüse ausweichen, oder die Erdbeeren z. B. durch Äpfel oder andere Früchte der Saison, die im Kaloriengehalt gleichwertig sind, austauschen.
Streifen Sie, wenn es Ihre Zeit erlaubt, über die Märkte und genießen Sie es, aus den reichhaltigen, optisch verführerischen Angeboten auszuwählen!

1. TAG

Sie benötigen heute 3 mittelgroße Pellkartoffeln (180 g)

FRÜHSTÜCK:

Honigbrötchen

1 Brötchen, 45 g   2 TL Honig
1 TL Butter, halbfett

Das Brötchen halbieren, Butter und Honig darauf verteilen. Dazu gibt es Kaffee oder Tee ohne Milch und Zucker.

205 kcal/858 kJ

ZWISCHENMAHLZEIT:

1 große Orange, 175—200 g

100 kcal/418 kJ

MITTAGESSEN:

Italienische Kartoffel-Frittata mit Zucchini

1 kleine Zwiebel, 50 g
1 Zucchini, 150 g
2 mittelgroße, vorgegarte Pellkartoffeln, 120 g
1 Ei, Gew.-Kl. 4
2 TL Mehl
1 schwach gehäufter TL geriebener Parmesankäse
Salz
frischgemahlener schwarzer Pfeffer
2 TL Olivenöl
1 Portion Blattsalat
Zitronensaft
Petersilie

Die Zwiebel in kleine Würfelchen schneiden und in einer beschichteten Pfanne kurz anrösten. Zucchini waschen und den Stielansatz abschneiden, die Kartoffeln pellen. Beides grob raspeln und mit der Zwiebel in eine Schüssel geben. Mit dem Ei, dem Mehl und dem Parmesankäse vermengen und mit Salz und Pfeffer abschmecken. Die Pfanne mit ½ TL Öl auspinseln und erhitzen. Den Frittatateig in die Pfanne geben und bei schwacher Hitze 7 Minuten stocken lassen. Die Frittata auf einen Teller gleiten lassen. Die Pfanne erneut mit ½ TL Öl auspinseln und den Kuchen von der anderen Seite ebenfalls 7 Minuten braten. In der Zwischenzeit den Salat waschen und mit einer Marinade aus 1 TL Öl, Zitronensaft, Petersilie, Salz und Pfeffer anmachen.
Salat zu der fertigen Frittata anrichten.

415 kcal/1736 kJ

ZWISCHENMAHLZEIT:

1 Becher fettarmer (1,5 % Fett i. Tr.) Joghurt (150 g) mit 1 TL Honig und Zimt

115 kcal/481 kJ

ABENDESSEN:
Kartoffel-Bohnen-Tomaten-Salat

1 mittelgroße Zwiebel, 50 g
2 kleine Tomaten, 100 g
150 g grüne Bohnen
1 TL Olivenöl
Gemüsebrühe, Instant
1 mittelgroße, vorgegarte Pellkartoffel, 60 g
Zitronensaft
Oregano
Salz
schwarzer Pfeffer
1 Scheibe Knäckebrot

Die Zwiebel würfeln, die Tomaten achteln und die Bohnen putzen und in mundgerechte Stücke schneiden. Die Zwiebel in 1 TL Olivenöl anschmoren, Bohnen und Tomaten dazugeben. Kurz mitschmoren und dann mit etwas Gemüsebrühe ablöschen. Bei mittlerer Hitze 10 Minuten köcheln, dann die gepellte und in Würfel geschnittene Kartoffel dazugeben und noch etwa 5 Minuten miterhitzen. Zum Schluß den Salat mit Zitronensaft, Oregano, Salz und Pfeffer abschmecken. Diesen Salat kann man je nach Geschmack warm oder kalt essen, dazu gibt es 1 Scheibe Knäckebrot.

213 kcal/891 kJ

2. TAG

Für heute benötigen Sie 1 mittelgroße, vorgegarte Pellkartoffel (60 g)

FRÜHSTÜCK:

Schinkenbrot mit Tomate

1 Scheibe Vollkornbrot, 45 g
1 TL Butter oder Margarine, halbfett
50 g Lachsschinken ohne Fettrand
1 kleine Tomate, 50 g

Die Scheibe Vollkornbrot mit der Butter oder Margarine bestreichen und mit dem Lachsschinken belegen. Die Tomate achteln und dazu essen. Kaffee oder Tee ohne Milch und Zucker.

210 kcal/879 kJ

ZWISCHENMAHLZEIT:

1 mittelgroßer Pfirsich, 125 g, halbiert und mit 2 TL Crème fraîche, 30 % Fett i. Tr., verfeinert

MITTAGESSEN:

Kartoffel-Geflügel-Topf nach provenzalischer Art

150 g Hähnchenbrust oder Putenschnitzel
1 TL Olivenöl
½ mittelgroße Paprika, 75 g
2 mittelgroße Kartoffeln, 120 g
1 mittelgroße Zwiebel, 50 g
2 kleine Tomaten, 100 g
Gemüsebrühe, Instant
Rosmarin, frisch oder getrocknet
Salz
frischgemahlener schwarzer Pfeffer
2 TL Crème fraîche, 30 % Fett i. Tr.

Das Geflügelfleisch schnetzeln und in einer beschichteten Pfanne in dem Olivenöl scharf anbraten. Das Gemüse waschen und putzen. Paprika, Kartoffeln und Zwiebel würfeln, die Tomaten achteln. Das Gemüse in die Pfanne geben und mit dem Fleisch kurz anbraten. Mit Gemüsebrühe ablöschen, etwas frischen oder getrockneten Rosmarin dazugeben und bei mittlerer Hitze 15—20 Minuten leicht köchelnd garen. Zum Schluß den Eintopf mit etwas Salz und frischgemahlenem schwarzen Pfeffer abschmecken und die Crème fraîche unterrühren.

407 kcal/1703 kJ

ZWISCHENMAHLZEIT:

1 Scheibe Knäckebrot mit 50 g körnigem Frischkäse und frischen, gehackten Kräutern.

100 kcal/418 kJ

ABENDESSEN:

Griechischer Bauernsalat

½ Lollo Rosso oder Eisbergsalat
2 kleine Tomaten, 100 g
½ Paprikaschote, 75 g
1 Lauchzwiebel
1 mittelgroße, vorgegarte Pellkartoffel, 60 g
Zitronensaft
Salz
schwarzer Pfeffer
Petersilie
20 g Schafkäse, 40 % Fett i. Tr.

Den Salat waschen, putzen und auf einem großen Teller oder einer Platte verteilen. Das restliche geputzte und kleingeschnittene Gemüse, einschließlich der gepellten und in Scheibchen geschnittenen Kartoffel, darauf anrichten. Aus Zitronensaft, Olivenöl, Salz, Pfeffer und gehackter Petersilie eine Marinade bereiten und über den Salat geben. Den Schafskäse mit der Gemüseraspel darüberreiben.

200 kcal / 837 kJ

3. TAG

FRÜHSTÜCK:
Pfirsichmüsli

2 schwach gehäufte EL Müsli (z. B. Früchtemüsli ohne Zuckerzusatz aus dem Reformhaus)

1 Becher fettarmer (1,5 % Fett i. Tr.) Joghurt, 150 g
1 mittelgroßer Pfirsich, 125 g

Müsli und Joghurt vermengen und mindestens 20 Minuten quellen lassen. Den Pfirsich in kleine Stücke schneiden und unter das Müsli heben. Nach Wahl Kaffee oder Tee ohne Milch und Zucker dazu trinken.

207 kcal/866 kJ

ZWISCHENMAHLZEIT:

Gurkensalat aus 300 g Gurke, 1 TL Öl, Zitronensaft, frischen Kräutern, Salz und Pfeffer, dazu eine Scheibe Knäckebrot

100 kcal/418 kJ

Irish Stew ▷
(Rezept S. 91)

MITTAGESSEN:

Folienkartoffeln mit Knoblauch-Pfeffer-Steak

2 mittelgroße Kartoffeln, 120 g
1 mittelgroße Zwiebel, 50 g
Gemüsebrühe, Instant
150 g grüne Bohnen
Oregano oder Bohnenkraut

125 g Rinderfilet
1 TL Öl
1 kleine Knoblauchzehe
2 TL Crème fraîche, 30 % Fett i. Tr.
frischgemahlener schwarzer Pfeffer
Salz

Die beiden Kartoffeln unter fließendem Wasser gründlich säubern, mit Küchenkrepp abtrocknen und in Alufolie einwickeln. Im auf 200 °C vorgeheizten Backofen 50—60 Minuten garen.
Die Zwiebel in feine Würfelchen schneiden und in etwas Brühe glasig dünsten. Die geputzten und in mundgerechte Stücke geschnittenen Bohnen und evtl. noch etwas Brühe dazugeben. Mit einer guten Prise Oregano oder Bohnenkraut würzen und das Gemüse knapp 20 Minuten bei mittlerer Hitze garen, warm stellen.
Das Filet, kurz bevor die Kartoffeln fertig sind, mit dem Öl in einer beschichteten Pfanne von beiden Seiten scharf anbraten. Je nach Geschmack in 3—5 Minuten von jeder Seite halb oder ganz durchbraten. Das Steak warm stellen. Eine kleine, zerdrückte Knoblauchzehe leicht in der Pfanne anbraten, den Bratensatz mit 2 TL Crème fraîche lösen und kräftig mit schwarzem Pfeffer und etwas Salz abschmecken.
Kartoffeln, Bohnen und Steak auf einem vorgewärm-

ten Teller anrichten und die Sauce über das Steak geben.

403 kcal/1686 kJ

ZWISCHENMAHLZEIT:

250 g Erdbeeren   90 kcal/377 kJ

ABENDESSEN:

Kartoffelsuppe mit Vollkornbrötchen

1 Tassenportion Instant-Kartoffelsuppe, einfach
1 TL Crème fraîche,
30 % Fett i. Tr.
1 Spritzer Worcestersauce
Schnittlauch
Petersilie
1 Vollkornbrötchen, 45 g

Die Kartoffelsuppe nach Anweisung mit heißem Wasser zubereiten und mit Crème fraîche, Worcestersauce, Schnittlauchröllchen und gehackter Petersilie verfeinern. Das Vollkornbrötchen dazu essen.

190 kcal/795 kJ

Tip: Die Kartoffelsuppe läßt sich auch gut mit heißem Wasser aus der Kaffeemaschine zubereiten, so daß das Abendessen für Berufstätige als Imbiß in der Mittagspause gut geeignet ist.

4. TAG

Für heute vorbereiten: 3 mittelgroße, vorgegarte Pellkartoffeln (180 g)

FRÜHSTÜCK:

Kahvalti
(Frühstück nach türkischer Art)

2 Scheiben Knäckebrot *1 TL Honig*
20 g Schafskäse, 40 % *1 kleine Tomate, 50 g*
Fett i. Tr. *5 grüne Oliven*

1 Scheibe Knäckebrot mit Schafskäse belegen, die andere mit Honig bestreichen. Die Tomate, in Scheiben geschnitten, und die Oliven dazu essen. Nach türkischer Art schwarzen Tee, evtl. mit Süßstoff gesüßt, dazu trinken.

187 kcal/782 kJ

ZWISCHENMAHLZEIT:

100 g körniger Frischkäse mit einem Bund Radieschen und frischgemahlenem schwarzen Pfeffer.

120 kcal/502 kJ

MITTAGESSEN:

Kartoffel-Auberginen-Moussaka

1 mittelgroße Aubergine, 200 g	Salz
1 mittelgroße Zwiebel, 50 g	Oregano
	Cayennepfeffer
	3 kleine Tomaten, 150 g
100 g Beefsteakhack	2 mittelgroße, vorgegarte
1 TL Olivenöl	Pellkartoffeln, 120 g
1 kleine Knoblauchzehe	2 leicht gehäufte TL
schwarzer Pfeffer	geriebener Parmesankäse

Die Aubergine waschen, auf dem Blech im auf 200 °C vorgeheizten Backofen etwa 15 Minuten vorgaren.
Währenddessen die Zwiebel in feine Würfelchen schneiden. Das Hackfleisch mit dem Olivenöl in einer beschichteten Pfanne scharf anbraten, die Zwiebelwürfelchen und die zerdrückte Knoblauchzehe dazugeben und glasig dünsten. Mit frischgemahlenem schwarzen Pfeffer, Salz, Oregano und 1 Msp Cayennepfeffer pikant abschmecken.
Die Tomaten von den Stielansätzen befreien und in dünne Scheibchen schneiden. Die vorgegarte Aubergine abkühlen lassen, den Stiel abschneiden und das Gemüse längs in dünne Scheiben schneiden. Die Kartoffeln pellen und ebenfalls in dünne Scheiben schneiden.
Nun in einer feuerfesten Form, beginnend mit einer dünnen Lage Auberginenscheiben, abwechselnd die Kartoffeln, die Tomaten, das Hackfleisch, die Auberginen schichtartig verteilen. Die oberste Schicht sollte eine dünne Lage der Hackfleischmasse sein. Darauf

den geriebenen Parmesankäse streuen und die Moussaka im Backofen bei 200°C 20 Minuten überbacken.

410 kcal/1715 kJ

ZWISCHENMAHLZEIT:

1 kleine Banane, 100 g   100 kcal/418 kJ

ABENDESSEN:
Knackiger Kartoffel-Gemüse-Salat

2 kleine Tomaten, 100 g
2 kleine Lauchzwiebeln
100 g Salatgurke
100 g Fenchel
1 Portion Blattsalat
(Roma, Frisée, Lollo Rosso)
1 mittelgroße, vorgegarte Pellkartoffel, 60 g

1 TL Olivenöl
Balsamico-Essig
frische Kräuter, z. B. Basilikum, Petersilie, Majoran
schwarzer Pfeffer
Salz
5 grüne Oliven

Das Gemüse waschen, putzen und zerkleinern. Die Kartoffel pellen und in kleine Würfel schneiden. Eine Salatsauce aus 1 TL Olivenöl, Balsamico-Essig, feingehackten Kräutern, Pfeffer und Salz zubereiten. Die Sauce und die Oliven über den Salat geben und gut vermengen.

220 kcal/920 kJ

Tip: Wenn Sie den Salat als Mittagsimbiß mit zur Arbeit nehmen wollen, machen Sie nur die Kartoffeln mit der kräftig gewürzten und mit 2—3 EL leichter Gemüsebrühe gestreckten Salatsauce vorher an. Das übrige Gemüse, das Sie separat, schon vorbereitet mitnehmen, brauchen Sie dann nur noch kurz vor der Mahlzeit unterzuheben. So bleibt der Salat schön knackig.

5. TAG

Heute brauchen Sie 1 mittelgroße, vorgegarte Pellkartoffel, 60 g

FRÜHSTÜCK:

Vollkornbrot und Ei

1 Ei, Gew.-Kl. 4
1 Scheibe Vollkornbrot, 45 g
1 TL Butter oder Margarine, halbfett

Das Ei in 5 Minuten weich kochen. Das Vollkornbrot mit der Butter oder Margarine dünn bestreichen und zu dem Ei essen. Tee oder Kaffee ohne Milch und Zukker dazu trinken.

220 kcal / 920 kJ

ZWISCHENMAHLZEIT:

300 g Melone   80 kcal / 335 kJ

MITTAGESSEN:

Kartoffel-Fisch-Eintopf nach toskanischer Art

2 mittelgroße Kartoffeln, 120 g
2 mittelgroße Zwiebeln, 150 g
1 mittelgroße Paprikaschote, 150 g
2 kleine Tomaten, 100 g
150 g Bleichsellerie
1 TL Olivenöl
1 kleine Knoblauchzehe
¼ l Gemüsebrühe, Instant
150 g Seelachs- oder Kabeljaufilet
Salz
schwarzer Pfeffer
1 EL Zitronensaft
Petersilie
reichlich Basilikum, frisch oder getrocknet

Die Kartoffeln schälen und in Würfelchen schneiden. Die Zwiebeln schälen und achteln. Das übrige Gemüse waschen, putzen und in mundgerechte Stücke schneiden. Die Zwiebeln und die Kartoffelwürfel in dem Olivenöl kurz anbraten, die Knoblauchzehe schälen, zerdrücken und dazugeben. Das übrige Gemüse dazufügen und unter häufigem Rühren kurz mit anschmoren. Das Ganze mit ¼ l Gemüsebrühe ablöschen und zugedeckt 10 Minuten bei mittlerer Hitze garen lassen. Unterdessen den Fisch unter fließendem Wasser kurz abspülen und gut trockentupfen. In grobe Stücke schneiden und 5—6 Minuten mit dem Gemüse ziehen lassen. Abschließend den Eintopf mit wenig Salz, frischgemahlenem schwarzen Pfeffer, 1 EL Zitronensaft und den feingewiegten frischen oder getrockneten Kräutern abschmecken.

400 kcal/1674 kJ

ZWISCHENMAHLZEIT:

2 Vollkorn-Zwiebäcke mit 1 TL Honig darauf

106 kcal/444 kJ

ABENDESSEN:
Tsatsiki mit Röstkartoffeln

250 g Salatgurke
125 g Magerquark
1 kleine Knoblauchzehe
Salz
schwarzer Pfeffer

Zitronensaft
1 TL Olivenöl
getrocknete Minze
1 mittelgroße, vorgegarte
Pellkartoffel, 60 g

Die Gurke waschen, nach Wunsch schälen und grob raspeln. Mit dem Quark und der zerdrückten Knoblauchzehe vermengen. Mit Salz, Pfeffer und einem Spritzer Zitronensaft abschmecken. 1 TL Olivenöl und etwas getrocknete Minze darüber verteilen.
Die Kartoffel pellen und in Würfel schneiden. In einer beschichteten Pfanne ohne Fett etwa 10 Minuten von allen Seiten rösten und mit Salz und frischgemahlenem schwarzen Pfeffer würzen. Die Kartoffel heiß zu dem Tsatsiki essen.

202 kcal/845 kJ

Tip: Wollen Sie diese Mahlzeit als Mittagessen mit zur Arbeit nehmen, und haben dort keine Möglichkeit sich die Kartoffeln aufzuwärmen, so können Sie aus dem TL Olivenöl vom Tsatsiki, etwas Zitronensaft, evtl. einer kleinen Lauchzwiebel und der Kartoffel einen Salat zubereiten und diesen zum Tsatsiki essen.

6. TAG

Für den heutigen Tag benötigen Sie 2 mittelgroße, vorgegarte Pellkartoffeln, 120 g

FRÜHSTÜCK:
Müsli mit Melone

2 schwach gehäufte EL Müsli (Früchtemüsli ohne Zuckerzusatz z. B. aus dem Reformhaus)

1 Becher fettarmer (1,5 % Fett i. Tr.) Joghurt, 150 g
150 g Melone

Das Müsli mit dem Joghurt vermengen und 20 bis 30 Minuten quellen lassen. Die Melone in mundgerechte Stücke schneiden und unter das Müsli heben. Dazu gibt es Kaffee oder Tee ohne Milch und Zucker.

187 kcal/782 kJ

ZWISCHENMAHLZEIT:

Tomatensalat aus 4 kleinen Tomaten, 200 g, 50 g körnigem Frischkäse, frischem Basilikum, Balsamico-Essig, Kräutersalz und schwarzem Pfeffer.

95 kcal/397 kJ

MITTAGESSEN:

Kartoffel-Paprika-Tortilla

*1 mittelgroße Zwiebel,
50 g
1 mittelgroße rote
Paprikaschote, 150 g
2 TL Olivenöl
2 mittelgroße, vorge-
kochte Pellkartoffeln,
120 g*

*frischgemahlener
schwarzer Pfeffer
Salz
2 Eier, Gew.-Kl. 4
1 Portion Blattsalat
Zitronensaft oder
Balsamico-Essig
frische Salatkräuter*

Die Zwiebel schälen und in feine Würfel schneiden. Die Paprika halbieren, Kerne und Stielansatz herausschneiden, waschen und in kleine Stücke schneiden. Das Gemüse in ½ TL Olivenöl in einer beschichteten Pfanne etwa 7 Minuten vorgaren, evtl. etwas Wasser dazugeben, daß es nicht anbrennt. Dann die gepellten und in kleine Würfel geschnittenen Kartoffeln noch etwa 3 Minuten mit anrösten. Das Gemüse leicht mit Pfeffer und Salz abschmecken und abkühlen lassen. Die beiden Eier gut verkleppern, mit Salz und Pfeffer würzen. Eine beschichtete Pfanne mit ½ TL Öl auspinseln und stark erhitzen. Das abgekühlte Gemüse unter die Eimasse heben und alles in die Pfanne geben. Bei leichter Hitze ca. 7 Minuten stocken lassen, ab und zu die Pfanne rütteln, damit die Tortilla nicht ansetzt. Braten, bis sie appetitlich goldgelb ist. Dann die Tortilla vorsichtig auf einen umgedrehten Topfdeckel gleiten lassen, die Pfanne erneut mit ½ TL Öl auspinseln, und den Kuchen nun von der anderen Seite garen.

In der Zwischenzeit den Salat waschen und putzen. Mit einer Marinade aus ½ TL Öl, Zitronensaft oder

Balsamico-Essig, Pfeffer, Salz und feingewiegten frischen Kräutern anmachen. Salat zu der heißen Tortilla servieren.

415 kcal / 1736 kJ

Tip: Die Tortilla schmeckt auch kalt sehr gut und kann für eine Mittagsmahlzeit im Büro vorbereitet werden.

ZWISCHENMAHLZEIT:

Obstsalat aus 1 Kiwi und 150 g Melone.

90 kcal / 377 kJ

ABENDESSEN:

Kartoffel-Spinatsuppe

1 Paket TK-Spinat, 300 g
¼ l Gemüsebrühe, Instant
3 schwach gehäufte EL
Kartoffelpüreeflocken
(komplett mit Milch)
Salz
schwarzer Pfeffer
Knoblauchsalz
getrocknetes oder
frisches Basilikum
2 TL Crème fraîche,
30 % Fett i. Tr.
1 TL geriebener
Parmesankäse

Den Spinat auftauen lassen und mit ¼ l Gemüsebrühe erhitzen. Die Püreeflocken unterrühren. Die Suppe mit, falls noch erwünscht, etwas Salz, frischgemahlenem schwarzen Pfeffer, Knoblauchsalz und Basilikum abschmecken. Mit der Crème fraîche verfeinern und vor dem Servieren mit dem geriebenen Parmesankäse bestreuen.

196 kcal / 820 kJ

7. TAG

Sie brauchen heute 2 mittelgroße, vorgegarte Pellkartoffeln, 120 g

FRÜHSTÜCK:

Croissant mit Milchkaffee

1 Croissant
⅛ l fettarme Milch,
1,5 % Fett i. Tr.

Espresso oder starker Kaffee

Das Croissant evtl. auf dem Toaster aufbacken. Die Milch erhitzen, den Espresso oder starken Kaffee damit aufgießen.

238 kcal/996 kJ

ZWISCHENMAHLZEIT:

1 mittelgroßer Apfel, 150 g

70 kcal/293 kJ

MITTAGESSEN:

Kartoffelgratin mit Hacksteak und Bleichsellerie

*2 mittelgroße Kartoffeln,
120 g
1/8 l fettarme Milch,
1,5 % Fett i. Tr.
1 kleine Knoblauchzehe
frischgemahlener
schwarzer Pfeffer
Salz
1 schwach gehäufter TL
geriebener Parmesankäse*

*150 g Bleichsellerie
Gemüsebrühe, Instant
Zitronensaft
100 g Beefsteakhack
getrockneter Thymian
und Majoran
1 TL Öl
1 TL Crème fraîche,
30 % Fett i. Tr.*

Die Kartoffeln schälen und auf dem Gurkenhobel in Scheiben raspeln. Die Kartoffelscheiben fächerartig in einer kleinen, feuerfesten Form verteilen. Die Milch mit der zerdrückten Knoblauchzehe, Pfeffer und Salz verquirlen, und über die Kartoffeln geben. Den Parmesankäse darüberstreuen und das Gratin 45 Minuten im auf 200°C vorgeheizten Backofen garen. In der Zwischenzeit die Bleichsellerie waschen, putzen und in große Stücke schneiden. Das Gemüse in etwas Brühe und 1 EL Zitronensaft in 15 Minuten bißfest garen. Evtl. noch mit etwas Salz und Pfeffer abschmecken und warm stellen.
15 Minuten bevor das Gratin fertig ist, das Beefsteakhack mit Pfeffer und Salz und etwas Majoran und Thymian würzen und zu einem Hacksteak formen. In einer beschichteten Pfanne in 1 TL Öl von jeder Seite 5 Minuten braten. Zum Servieren das Gemüse, verfei-

nert mit 1 TL Crème fraîche, das Hacksteak und das Gratin auf einem vorgewärmten Teller anrichten.

393 kcal/1644 kJ

ZWISCHENMAHLZEIT:

125 g Erdbeeren mit 2 TL Crème fraîche, 30 % Fett i. Tr.

85 kcal/356 kJ

ABENDESSEN:
Skordalia, griechisches Kartoffelpüree auf Blattsalat

2 mittelgroße, vorgekochte Pellkartoffeln, 120 g
1 kleine Knoblauchzehe
1½ TL Olivenöl
3—4 EL Gemüsebrühe, Instant
frischgemahlener schwarzer Pfeffer
Zitronensaft
Salz
1 große Portion Blattsalat
5 grüne Oliven

Die Kartoffeln pellen und mit der Gabel gut zerkneten. 1 zerdrückte Knoblauchzehe, das Olivenöl und die Brühe dazugeben und vermengen. Mit Pfeffer und Zitronensaft und evtl. noch etwas Salz abschmecken. Den Salat waschen, putzen und zerkleinern und auf einem großen Teller anrichten. Das Kartoffelpüree in die Mitte daraufgeben und mit den Oliven garniert servieren.

195 kcal/816 kJ

8. TAG

FRÜHSTÜCK:

Käse-Tomaten-Brot und Pfirsich

2 Scheiben Knäckebrot *1 kleine Tomate, 50 g*
1 Ecke Diätschmelzkäse *1 mittelgroßer Pfirsich,*
(20 % Fett i. Tr.), 25 g *125 g*

Die beiden Scheiben Knäckebrot mit dem Schmelzkäse bestreichen und der in Scheiben geschnittenen Tomate belegen. Dazu gibt es einen Pfirsich.

195 kcal/816 kJ

ZWISCHENMAHLZEIT:

1 Tassenportion Instant-Kartoffelsuppe, nach Anweisung zubereitet, mit einer Scheibe Knäckebrot.

90 kcal/377 kJ

MITTAGESSEN:

Gefüllter Fenchel auf Kartoffelpüree

*1 mittelgroße Fenchelknolle, 300 g
Gemüsebrühe, Instant
Zitronensaft
2 kleine Möhren, 100 g
1 mittelgroße Zwiebel, 50 g
frische Petersilie, Kerbel
Schnittlauch
1 Scheibe magerer Kochschinken, 30 g
frischgemahlener schwarzer Pfeffer
Kräutersalz
2 TL Crème fraîche, 30 % Fett i. Tr.
2 schwach gehäufte TL geriebener Parmesankäse
5 schwach gehäufte EL Kartoffelpüreeflocken (komplett mit Milch)*

Die Fenchelknolle putzen, waschen und der Länge nach halbieren. Aus der Mitte eine Mulde herausschneiden. Die Fenchelhälften in wenig Gemüsebrühe mit etwas Zitronensaft 10 Minuten vorgaren. In der Zwischenzeit die geputzten Möhren und die Zwiebel in kleine Würfel schneiden. Mit dem Fenchelinneren noch 5 Minuten mit zu den Fenchelhälften geben. Die frischen Kräuter fein hacken, den Kochschinken in Würfelchen schneiden. Das gegarte Gemüse aus dem Topf nehmen und gut abtropfen lassen. Die Möhren, die Zwiebel und das Fenchelinnere mit den Kräutern und dem Kochschinken vermengen und mit Pfeffer und Salz, Crème fraîche und 1 TL Parmesankäse abschmekken. Kartoffelpüree aus 5 schwach gehäuften EL Püreeflocken und einer knappen Tasse heißem Wasser mit einer Prise Salz zubereiten. Das Püree in eine flache Auflaufform geben und die Fenchelhälften daraufsetzen. Die Fenchelhälften mit der Gemüsemasse füllen, evtl. übrigbleibende Mischung auf dem Püree verteilen. Alles mit dem restlichen Parmesankäse bestreuen und im auf 200°C vorgeheizten Backofen 15 Minuten überbacken.

430 kcal/1799 kJ

ZWISCHENMAHLZEIT:

1 große Orange, 150—175 g

100 kcal/418 kJ

ABENDESSEN:
Paprikarohkost mit Pellkartoffeln

1 mittelgroße Kartoffel, 60 g
½ TL Kümmel
1 mittelgroße rote Paprikaschote, 150 g
125 g Magerquark
Mineralwasser
Kräutersalz
frischgemahlener schwarzer Pfeffer
Petersilie
Schnittlauch
Kresse
1 TL Butter oder Margarine, halbfett

Die Kartoffel in Wasser mit ½ TL Kümmel garen. In der Zwischenzeit die Paprikaschote halbieren, die Kerne und den Stielansatz herausschneiden. Den Quark mit einem Schuß Mineralwasser glattrühren. Mit Salz, Pfef-

Kartoffelrahmsuppe mit Shiitake-Pilzen ▷
(Rezept S. 93)

fer und den feingewiegten Kräutern würzen. Den Quark in die Paprikahälften füllen und auf einem Teller anrichten. Die Kartoffel pellen, halbieren, mit Salz und Pfeffer bestreuen, und die Butter oder Margarine in Flöckchen daraufgeben. Heiß zu den gefüllten Paprikahälften essen.

213 kcal/891 kJ

9. TAG

Heute benötigen Sie 1 mittelgroße, vorgekochte Pellkartoffel, 60 g

FRÜHSTÜCK:

Erdbeermüsli

1 fettarmer (1,5 % Fett i. Tr.) Joghurt, 150 g
2 schwach gehäufte EL Müsli (z. B. Früchtemüsli ohne Zucker aus dem Reformhaus)
125 g Erdbeeren

Den Joghurt mit dem Müsli vermengen und mindestens 20 Minuten quellen lassen. Dann die gewaschenen und geputzten, in Stücke geschnittenen Erdbeeren unterheben. Dazu gibt es nach Wahl Kaffee oder Tee ohne Milch und Zucker.

210 kcal/879 kJ

ZWISCHENMAHLZEIT:

Möhrensalat aus 20 g geraspelten Möhren, viel frischer gehackter Petersilie, 1 TL Öl, Zitronensaft, Kräutersalz und schwarzem Pfeffer.

100 kcal/418 kJ

MITTAGESSEN:
Güveç, Kartoffel-Gemüse-Eintopf aus dem Ofen

*1 mittelgroße Zwiebel,
50 g
½ mittelgroße Paprikaschote, 75 g
2 kleine Tomaten, 100 g
2 kleine Möhren, 100 g
100 g grüne Bohnen
2 mittelgroße Kartoffeln,
120 g*

*125 g Rinderfilet
1 TL Olivenöl
Salz
frischgemahlener
schwarzer Pfeffer
evtl. etwas frischer
Majoran und/oder
Rosmarin*

Das Gemüse und die Kartoffeln waschen, putzen und schälen, ebenso wie das Fleisch in mundgerechte Stücke schneiden. Eine feuerfeste Tonform, oder falls vorhanden, einen Original-Güveçtopf, mit dem Olivenöl auspinseln. Die Gemüsestücke mit dem Fleisch vermengen, alles salzen und pfeffern und in die Form geben. Evtl. einen Zweig Majoran und/oder Rosmarin obenauflegen und die Form mit Alufolie gut verschließen. Nun das Güveç im auf 200°C vorgeheizten Backofen 60—70 Minuten garen.

423 kcal/1770 kJ

ZWISCHENMAHLZEIT:

1 mittelgroße Birne, 150 g

80 kcal/335 kJ

ABENDESSEN:
Pikanter Kartoffel-Gurken-Salat

300 g Salatgurke
1 mittelgroße, vorgegarte
Pellkartoffel, 60 g
1 Scheibe Corned beef,
30 g
Zitronensaft
1 TL Öl
Salz
frischgemahlener
schwarzer Pfeffer
frischer Dill
1 Scheibe Knäckebrot

Die Gurke schälen und auf dem Hobel in Scheiben raspeln. Die Kartoffel pellen und in kleine Würfel schneiden. Das Corned beef ebenfalls in kleine Würfel schneiden und die Salatzutaten miteinander vermengen. Eine Salatsauce aus Zitronensaft, Öl, Salz, Pfeffer und feingewiegtem Dill zubereiten und über den Salat geben. Eine Scheibe Knäckebrot dazu essen.

215 kcal/900 kJ

10. TAG

FRÜHSTÜCK:

Corned beef-Brot mit Ei

1 Ei, Gew.-Kl. 4 *1 Scheibe Corned beef,*
1 Scheibe Knäckebrot *30 g*
 1 kleine Tomate, 50 g

Das Ei in 5 Minuten weich kochen. Die Scheibe Knäkkebrot mit dem Corned beef und der in Scheiben geschnittenen Tomate belegen und dazu essen. Nach Wunsch Kaffee oder Tee ohne Milch und Zucker trinken.

205 kcal/858 kJ

ZWISCHENMAHLZEIT:

1 Becher fettarmer (1,5 % Fett i. Tr.) Joghurt, 150 g, mit 100 g Himbeeren, mit Süßstoff gesüßt und etwas Vanillemark gewürzt.

125 kcal/523 kJ

MITTAGESSEN:
Forelle in Folie mit Pellkartoffeln

1 mittelgroße Forelle, 200 g
Salz
frischgemahlener schwarzer Pfeffer
frische Kräuter wie Majoran, Thymian, Rosmarin

2 mittelgroße Kartoffeln, 120 g
3 kleine Tomaten, 150 g
1 Portion Blattsalat
1 TL Olivenöl
Zitronensaft
Petersilie
2 TL Butter, halbfett

Die ausgenommene Forelle von innen und außen mit Salz, Pfeffer und den gehackten frischen Kräutern einreiben. Gut in Alufolie einwickeln und im auf 200 °C vorgeheizten Backofen 25 Minuten garen. In der Zwischenzeit die Kartoffeln in reichlich Wasser kochen. Die Tomaten waschen und an der Unterseite kreuzförmig einritzen. Mit den Schlitzen nach oben in eine feuerfeste Form setzen, und etwa 15 Minuten im Backofen mitschmoren lassen. Den Salat mit einer Marinade aus Öl, Zitronensaft, Salz, Pfeffer und gehackter Petersilie anmachen. Die gepellten Kartoffeln, den Fisch und die Tomaten auf einem vorgewärmten Teller anrichten, Butter in Flöckchen auf dem Fisch und den Kartoffeln verteilen. Den Salat dazu essen.

410 kcal / 1715 kJ

ZWISCHENMAHLZEIT:

1 Grapefruit, 250 g, halbieren und auslöffeln. (Am besten 1 rosa Grapefruit, die angenehm süß im Geschmack ist.)

80 kcal/335 kJ

ABENDESSEN:
Kartoffelsuppe mit Käsebrot

1 Tassenportion Kartoffelsuppe, Instant
1 TL Crème fraîche, 30 % Fett i. Tr.
frischer Kerbel
Worcestersauce
½ Scheibe Vollkornbrot, 22 g
1 Ecke Schmelzkäse (9 % Fett i. Tr.), 25 g
1 Stück Salatgurke, 100 g

Kartoffelsuppe nach Anweisung zubereiten und mit 1 TL Crème fraîche, feingehacktem Kerbel und einem Spritzer Worcestersauce verfeinern. Die ½ Scheibe Vollkornbrot mit dem Käse bestreichen, die Gurke schälen und dazu essen.

180 kcal/753 kJ

11. TAG

Sie brauchen für den 11. Tag 2 vorgekochte Pellkartoffeln, 120 g

FRÜHSTÜCK:

Melone mit Parmaschinken und Vollkornbrot

150 g Melone
25 g Parmaschinken
ohne Fettrand

½ Scheibe Vollkornbrot,
22 g
1 TL Butter, halbfett

Die Melone in mundgerechte Stücke schneiden und zusammen mit dem Parmaschinken auf einem Teller anrichten. Das Vollkornbrot mit der Butter bestreichen und dazu essen. Kaffee oder Tee ohne Milch und Zukker.

185 kcal/774 kJ

ZWISCHENMAHLZEIT:

Tomatensalat aus 4 kleinen Tomaten, 200 g, 1 TL Olivenöl, Balsamico-Essig, Salz, frischgemahlenem schwarzen Pfeffer und reichlich frischem Basilikum. Mit einer Scheibe Knäckebrot essen.

90 kcal/377 kJ

MITTAGESSEN:

Röstkartoffeln, Köfte (türkische Frikadellen) und Gemüsepfanne

125 g Beefsteakhack
Salz
frischgemahlener schwarzer Pfeffer
1 kleine Knoblauchzehe
Kreuzkümmel
feingewiegte Petersilie
½ Paprikaschote, 75 g
3 kleine Tomaten, 150 g
2 mittelgroße Zwiebeln, 150 g

Cayennepfeffer
Paprikapulver
1 TL Olivenöl
2 mittelgroße, vorgekochte Pellkartoffeln, 120 g
1 TL Olivenöl
1 TL Crème fraîche, 30 % Fett i. Tr.

Das Hackfleisch mit Salz, Pfeffer, 1 zerdrückten Knoblauchzehe, einer Prise Kreuzkümmel und feingewiegter Petersilie abschmecken. Gut durchkneten und eine Weile ziehen lassen.

Währenddessen Paprika, Tomaten und Zwiebeln waschen, putzen und in kleine Stücke schneiden. In einer beschichteten Pfanne ohne Fett kurz anrösten, und mit etwas Wasser bedeckt, mit Salz, Cayennepfeffer und Paprikapulver abgeschmeckt, etwa 15 Minuten bei mittlerer Hitze köcheln lassen.

Aus dem Hackfleisch kleine längliche Frikadellen formen und in diese in 1 TL Olivenöl von allen Seiten knusprig braun braten. Köfte warm stellen. Die gepellten Kartoffeln in kleine Würfel schneiden und in 1 TL Öl rösten. Mit Salz und Pfeffer würzen. Zusammen mit dem Gemüse, verfeinert mit 1 TL Crème fraîche, und den Köfte auf einem vorgewärmten Teller anrichten.

422 kcal/1766 kJ

ZWISCHENMAHLZEIT:

125 g Himbeeren mit etwas flüssigem Süßstoff und 2 TL Crème fraîche, 30 % Fett i. Tr.

90 kcal/377 kJ

ABENDESSEN:
Käsepüree mit Paprika-Gurken-Salat

½ Paprikaschote, 75 g
300 g Salatgurke
1 TL Olivenöl
Zitronensaft
Kräutersalz
frischgemahlener schwarzer Pfeffer
Petersilie
Majoran (frisch oder getrocknet)
5 schwach gehäufte EL Kartoffelpüree (komplett mit Milch)
1 schwach gehäufter TL geriebener Parmesankäse
Salz
Paprikapulver

Paprika waschen und putzen, die Gurke schälen. Beides auf dem Gurkenhobel in feine Scheiben, bzw. Streifen raspeln. Mit einem Dressing aus 1 TL Olivenöl, Zitronensaft, Kräutersalz, Pfeffer, feingewiegter Petersilie und gerebeltem frischen oder getrockneten Majoran vermischen.

Das Kartoffelpüree mit einer knappen Tasse heißem Wasser anrühren, nach dem Quellen mit dem Parmesankäse vermengen und evtl. mit etwas Salz und Paprikapulver würzen. Püree in die Mitte eines vorgewärmten Tellers geben, den Salat als Kranz drumherum anrichten.

202 kcal/845 kJ

12. TAG

Sie brauchen heute 3 vorgegarte Pellkartoffeln, 180 g

FRÜHSTÜCK:

Joghurt mit Früchten

200 g rote Johannisbeeren oder
1 mittelgroße Nektarine, 150 g, oder
1 mittelgroße Birne, 125 g
1 TL Honig
gemahlener Zimt

Das Obst waschen, putzen und, falls nötig, in Stücke schneiden, es mit dem Joghurt vermischen und in eine Schale oder einen tiefen Teller geben. Den Honig darüberträufeln und nach Geschmack etwas gemahlenen Zimt darüberstreuen. Dazu gibt es Kaffee oder Tee ohne Milch und Zucker.

203 kcal/849 kJ

ZWISCHENMAHLZEIT:

1 große Portion Blattsalat mit einer Marinade aus 1 TL Olivenöl, Balsamico-Essig, Salz und Pfeffer mit 20 g Schafskäse, 40 % Fett i. Tr.

107 kcal/448 kJ

MITTAGESSEN:
Kartoffel-Geflügel-Brokkoli-Pfanne

150 g Brokkoli
Gemüsebrühe, Instant
125 g Putenschnitzel
1 TL Öl
1 mittelgroße Zwiebel,
50 g
1 kleine Knoblauch-
zehe

2 mittelgroße, vorgegarte
Pellkartoffeln, 120 g
Thymian, frisch oder
getrocknet
schwarzer Pfeffer
Salz
2 TL Crème fraîche,
30 % Fett i. Tr.

Die Brokkoli in einer Tasse Gemüsebrühe 15 Minuten garen. Unterdessen das Putenfleisch schnetzeln und in dem 1 TL Öl in einer beschichteten Pfanne scharf anbraten. Die Zwiebel in kleine Würfelchen schneiden, die Knoblauchzehe zerdrücken und beides zum Fleisch geben. So lange mitbraten, bis die Zwiebel glasig wird. Dann mit etwas Gemüsebrühe ablöschen. Zugedeckt noch 5 Minuten leicht köcheln lassen. Die Kartoffeln pellen und in dünne Scheibchen schneiden, die gegarten Brokkoli abtropfen lassen und in mundgerechte Stücke schneiden. Beides in die Pfanne geben und gut vermengen. Mit etwas Thymian, schwarzem Pfeffer und, falls nötig, wenig Salz abschmecken. Zum Schluß 2 TL Crème fraîche unterrühren.

424 kcal/1770 kJ

ZWISCHENMAHLZEIT:

Obstsalat aus 200 g Erdbeeren und 150 g Melone

112 kcal/469 kJ

ABENDESSEN:

Pikanter Kartoffelsalat mit Parmaschinken

1 vorgegarte, mittelgroße Pellkartoffel, 60 g
½ mittelgroße rote Paprikaschote, 75 g
25 g Parmaschinken ohne Rand
1 TL Olivenöl
Balsamico-Essig
Salz
frischgemahlener schwarzer Pfeffer
Majoran, frisch oder getrocknet
1 kleine Portion Blattsalat

Die Kartoffel pellen und in dünne Scheiben schneiden. Die ½ Paprikaschote waschen, Stielansatz und Kerne herausschneiden und in kleine Würfel schneiden. Schinken ebenfalls in kleine Stücke schneiden und die Salatzutaten in einer Schüssel vermengen. Eine Salatsauce aus Olivenöl, Balsamico-Essig, Salz, Pfeffer und Majoran zubereiten. Über den Salat geben, gut untermischen und eine Weile durchziehen lassen. In der

Zwischenzeit den grünen Salat waschen und putzen, gut abtropfen lassen und auf einem großen Teller auslegen. Den Kartoffelsalat darauf angerichtet servieren.

203 kcal/849 kJ

13. TAG

1 vorgegarte, mittelgroße Pellkartoffel (60 g) brauchen Sie für heute.

FRÜHSTÜCK:

Frischkäse-Kräuter-Brot

2 gehäufte EL körniger Kräutersalz
Frischkäse, 80 g schwarzer Pfeffer
Petersilie 1 Scheibe Vollkornbrot,
Dill 45 g
Schnittlauch 1 kleine Tomate, 50 g

Den Frischkäse mit den feingehackten Kräutern vermengen und mit Kräutersalz und Pfeffer würzen. Auf der Scheibe Vollkornbrot verteilen und die in Scheiben geschnittene Tomate obenauf legen. Je nach Wunsch Kaffee oder Tee ohne Milch und Zucker dazu trinken.

220 kcal/920 kJ

ZWISCHENMAHLZEIT:

1 kleine, gut reife Banane, 125 g

100 kcal/418 kJ

MITTAGESSEN:

Pellkartoffeln mit Fleischspieß und Rahmchampignons

125 g Kalbsfilet
Majoran, frisch oder
getrocknet
1 TL Olivenöl
1 kleine Knoblauchzehe
frischgemahlener
schwarzer Pfeffer
Salz
2 mittelgroße Kartoffeln,
120 g

1 mittelgroße Zwiebel,
50 g
250 g Champignons
oder Egerlinge
1 Portion Blattsalat
Zitronensaft
Petersilie
Gemüsebrühe, Instant
2 TL Crème fraîche,
30 % Fett i. Tr.

Das Kalbfleisch in kleine Würfel schneiden. Mit dem Majoran, dem Olivenöl, der zerdrückten Knoblauchzehe, Pfeffer und Salz vermengen und in einer Schüssel zugedeckt etwa 20 Minuten durchziehen lassen.
Die Kartoffeln in reichlich Wasser gar kochen. In der Zwischenzeit die Zwiebel in kleine Würfelchen schneiden, die Champignons putzen und in Scheiben schneiden. Die Fleischwürfel auf Spieße stecken und in einer beschichteten Pfanne von allen Seiten scharf anbraten. Dann die Zwiebelwürfelchen dazugeben und bei leichter Hitze glasig dünsten. Anschließend die Champignons in die Pfanne geben und etwa 10 Minuten mitgaren lassen.

Den Salat waschen und putzen und mit einer Marinade aus Zitronensaft, feingewiegter Petersilie, Salz und Pfeffer anmachen. Zum Schluß die Champignons noch leicht mit Pfeffer, Salz und Majoran würzen. Alles, auch die gepellten Kartoffeln, auf einem vorgewärmten Teller anrichten. Den Bratensatz in der Pfanne mit 1—2 EL Gemüsebrühe, 1 Spritzer Zitronensaft und 2 TL Crème fraîche loskochen und über die Champignons geben. Salat dazu essen.

423 kcal/1770 kJ

ZWISCHENMAHLZEIT:

½ Scheibe Vollkornbrot mit 1 TL Crème fraîche, 30% Fett i. Tr., und 1 TL Honig bestreichen

105 kcal/439 kJ

ABENDESSEN:
Kartoffel-Brokkoli-Suppe

150 g Brokkoli
¼ l Gemüsebrühe
1 mittelgroße, vorgekochte Pellkartoffel, 60 g
frischgemahlener schwarzer Pfeffer
evtl. Salz
Oregano, getrocknet
½ Scheibe Vollkornbrot, 22 g
1 TL Crème fraîche, 30% Fett i. Tr.

Die Brokkoli waschen, putzen und in kleine Stücke schneiden, in der Gemüsebrühe in 15 Minuten weich kochen. Die gepellte und in Würfel geschnittene Kar-

toffel dazugeben. Noch etwa 5 Minuten mitgaren lassen, dann die Suppe entweder passieren oder mit dem Kartoffelstampfer zerkleinern und mit den Gewürzen abschmecken.
Die ½ Scheibe Vollkornbrot zerbröseln und in einer beschichteten Pfanne kurz anrösten. Die Suppe mit 1 TL Crème fraîche abrunden und die heißen Brotstückchen darübergeben.

193 kcal/808 kJ

14. TAG

Für heute brauchen Sie 3 mittelgroße, vorgegarte Pellkartoffeln, 180 g

FRÜHSTÜCK:
Apfel-Müsli

2 schwach gehäufte EL Müsli (z. B. Früchtemüsli ohne Zucker aus dem Reformhaus)

1 Becher fettarmer (1,5 % Fett i. Tr.) Joghurt, 150 g
½ mittelgroßer Apfel, 100 g
gemahlener Zimt

Das Müsli mit dem Joghurt vermischen und etwa 20 Minuten quellen lassen. Dann den Apfel reiben und untermischen. Nach Geschmack mit einer Prise gemahlenem Zimt würzen. Dazu gibt es Kaffee oder Tee ohne Milch und Zucker.

194 kcal/812 kJ

ZWISCHENMAHLZEIT:

Käseknäcke

1 Scheibe Knäckebrot mit 1 EL körnigem Frischkäse, 40 g, mit Kräutersalz und Pfeffer gewürzt, dazu ½ Apfel.

115 kcal/481 kJ

MITTAGESSEN:

Kartoffel-Auberginen-Zucchini-Auflauf

1 kleine Aubergine, 150 g
1 mittelgroße Zucchini, 150 g
1 mittelgroße Zwiebel, 50 g
2 kleine Tomaten, 100 g
Gemüsebrühe, Instant
1 kleine Knoblauchzehe
Rosmarin und Majoran, frisch oder getrocknet
1 EL Tomatenmark
frischgemahlener schwarzer Pfeffer
evtl. etwas Salz
Cayennepfeffer
1 TL Olivenöl
2 mittelgroße, vorgegarte Pellkartoffeln, 120 g
50 g Mozzarella, 45 % Fett i. Tr.
frisches Basilikum

Das Gemüse waschen, putzen und in mundgerechte Stücke schneiden, die Zwiebel in kleine Würfel schnei-

Kartoffelgratin mit Kräutern ▷
(Rezept S. 159)

den. Alles in einer beschichteten Pfanne kurz anrösten und mit Gemüsebrühe ablöschen. Die zerdrückte Knoblauchzehe, Rosmarin, Majoran, 1 EL Tomatenmark dazugeben und mit Pfeffer, etwas Salz und einer Prise Cayennepfeffer abschmecken. Alles etwa 10 Minuten bei mittlerer Hitze zugedeckt garen lassen.
Eine feuerfeste Form mit 1 TL Olivenöl auspinseln und die gepellten, in Scheiben geschnittenen Kartoffeln fächerförmig darin anordnen. Die Gemüsemischung darüber verteilen. Das Ganze mit dem in dünne Scheiben geschnittenen Mozzarella und Basilikumblättern bedecken und 20 Minuten im auf 200°C vorgeheizten Backofen überbacken.

406 kcal/1699 kJ

ZWISCHENMAHLZEIT:

150 g süße Kirschen   102 kcal/427 kJ

ABENDESSEN:

Kartoffel-Käse-Salat

1 mittelgroße, vorgegarte Pellkartoffel, 60 g
1 Lauchzwiebel
½ rote Paprikaschote, 75 g
2 kleine Tomaten, 100 g
1 TL Olivenöl

Balsamico-Essig
Salz
schwarzer Pfeffer
frisches Basilikum
30 g Mozzarella, 45 % Fett i. Tr.

Die Kartoffeln pellen, in Würfel schneiden. Die Lauchzwiebel waschen und in Ringe schneiden. Das restliche Gemüse waschen, putzen und in mundgerechte Stücke schneiden. Die Salatzutaten mit einer Marinade aus 1 TL Olivenöl, Balsamico-Essig, Salz und Pfeffer anmachen. Reichlich feingeschnittenes Basilikum und den in Würfel geschnittenen Mozzarella dazugeben und unterrühren.

211 kcal/883 kJ

7 Tage fleischlos glücklich mit Kartoffeln

Sie wollten schon immer mal den Fleisch- und Wurstkonsum herunterschrauben, fanden bisher aber noch nicht den Anfang? Kombinieren Sie Ihr Vorhaben doch gleich mit einer Diät, einer Kartoffel-Diät, denn die tolle Knolle liefert wertvolles Eiweiß, so daß Ihnen nichts entgeht. Sie enthält, wie schon im Vorwort gesagt, fast alle Eiweißbausteine, die der Körper unbedingt braucht, aber nicht selbst produzieren kann. Die Rezepte sind außerdem so abwechslungsreich und lecker, daß Sie das Fleisch garantiert nicht vermissen werden. Daß Sie dabei auch abnehmen, ist ein weiterer Pluspunkt. Jeder Tag hat rund 1000 kcal und ist wie folgt unterteilt in:

Frühstück mit 200 kcal
Zwischenmahlzeit mit 100 kcal
Mittagessen mit 300 kcal
Zwischenmahlzeit mit 100 kcal
Abendessen mit 300 kcal.

Vielleicht macht ja noch ein Familienmitglied die Diätwoche mit, so daß es danach noch einfacher wird, den

Fleischkonsum neu zu überdenken und dann wirklich zu reduzieren und durch andere wertvolle Lebensmittel zu ersetzen. Wer saftige Steaks über alles liebt, muß natürlich nicht ganz verzichten, sondern einfach wählerischer werden und statt jeden Tag Fleisch auch einmal nur Gemüse auf die Speisekarte setzen.

1. TAG

Für den Abend brauchen Sie 2 mittelgroße, vorgegarte Pellkartoffeln, 120 g

FRÜHSTÜCK:

Apfelquark mit Knäckebrot

1 mittelgroßer Apfel, *1 TL Honig*
150 g *2 Sesamknäckebrot*
2 EL Magerquark

Apfel gut waschen und mit der Schale raspeln. Quark mit 2—3 EL Wasser geschmeidig rühren, den Apfel unterheben und mit Honig süßen. Auf das Knäckebrot streichen oder dazu essen. Außerdem Kaffee oder Tee ohne Milch und Zucker.

244 kcal/1021 kJ

ZWISCHENMAHLZEIT:

1 Bund Radieschen, in Scheiben geschnitten und mit 1 TL Sonnenblumenöl, Zitronensaft, Pfeffer und Salz angemacht

44 kcal / 184 kJ

MITTAGESSEN:
Kartoffel-Sauerkraut-Eintopf

1 mittelgroße Zwiebel, 50 g
½ Apfel
1 TL Sonnenblumenöl
1 kleine Dose Sauerkraut, 280 g
3—4 Wacholderbeeren
⅛ l Gemüsebrühe, Instant
1 mittelgroße Kartoffel, 60 g
Salz
Pfeffer aus der Mühle
1 Msp scharfes Paprikapulver
½ Becher fettarmer (1,5 % Fett i. Tr.) Joghurt, 75 g
2 TL Crème fraîche, 30 % Fett i. Tr.

Zwiebel schälen und feinwürfelig schneiden. Die Apfelhälfte schälen, das Kerngehäuse herausschneiden und das Apfelstück würfeln. Öl erhitzen und darin die Zwiebel glasig werden lassen, Apfelwürfel zufügen, kurz mitschmoren, Gemüsebrühe angießen und aufkochen lassen. Sauerkraut und Wacholderbeeren unterheben. Bei milder Hitze alles 30 Minuten zugedeckt schmoren, evtl. noch etwas Wasser nachgießen. Den Eintopf mit Salz, Pfeffer und Paprika abschmecken. Joghurt mit Crème fraîche verrühren. Eintopf auf einen

Teller geben und die Joghurt-Crème fraîche-Mischung daraufgeben.

298 kcal/1247 kJ

ZWISCHENMAHLZEIT:

½ Apfel und 1 Kiwi würfeln, vermengen und mit einigen Tropfen Zitrone und Süßstoff abschmecken

75 kcal/314 kJ

ABENDESSEN:
Kartoffel-Gemüse-Salat

2 mittelgroße, vorgegarte Pellkartoffeln, 120 g
½ Kopf Lollo Rosso
60 g Kirschtomaten
½ feste Salatgurke, 250 g
1 mittelgroße rote oder gelbe Paprikaschote, 150 g
2 Frühlingszwiebeln
2 EL Sherry- oder Balsamico-Essig
1 EL Gemüsebrühe oder Wasser
½ TL Kräuter- oder Dijonsenf
Salz
Pfeffer aus der Mühle
1 TL Olivenöl
½ Becher fettarmer (1,5 % Fett i. Tr.) Joghurt, 75 g
2—3 Stengel Petersilie

Kartoffeln pellen und in Würfelchen schneiden. Den Salat putzen, die Blätter gut abspülen und abtropfen lassen. Auf einem großen Teller auslegen. Tomaten abspülen, vierteln. Gurke gut waschen und würfeln. Paprika halbieren, Stiel und Kerngehäuse herausschneiden und die Paprika würfeln. Frühlingszwiebeln putzen und in Ringe schneiden. Alle Zutaten vermischen. Aus Essig, Brühe oder Wasser, Senf, Salz, Pfeffer und Olivenöl eine Sauce rühren und den Salat damit vermengen. Alles auf den Salatblättern anrichten, Joghurt glattrühren und darübergießen. Mit gehackter Petersilie bestreuen.

296 kcal / 1238 kJ

2. TAG

FRÜHSTÜCK:

Brötchen mit Honig

1 Vollwertbrötchen, 45 g   1 TL Honig
1 TL Butter

Brötchen aufschneiden und mit Butter und Honig bestreichen. Dazu Kaffee oder Tee ohne Milch und Zukker.

206 kcal / 862 kJ

ZWISCHENMAHLZEIT:

1 Glas Orangensaft ohne Zuckerzusatz, 0,2 l

92 kcal / 385 kJ

MITTAGESSEN:

Kartoffel mit Spargel

½ kg Spargel, 200 g von dem rohen Spargel und das Spargelwasser für den nächsten Tag
1 mittelgroße Kartoffel, 60 g
1 hartgekochtes kleines Ei, Gew.-Kl. 4
1 Becher fettarmer (1,5 % Fett i. Tr.) Joghurt, 150 g
1 TL Crème fraîche
3 EL gehackte frische Kräuter: Schnittlauch, Petersilie, Dill, Kerbel und Zitronenmelisse
1 TL Zitronensaft
Salz
Pfeffer aus der Mühle

Den Spargel schälen und mit Wasser bedeckt, je nach Dicke der Stangen, 20—30 Minuten kochen. Währenddessen auch die Kartoffel garen und das Ei hartkochen. Kartoffel warm stellen. Ei abschrecken und in kaltem Wasser liegen lassen. Ei schälen, klein hacken und mit Joghurt, Crème fraîche und den Kräutern eine grüne Sauce rühren. Mit Zitronensaft, Salz und Pfeffer abschmecken. Spargel abtropfen lassen und die Tagesration auf einen vorgewärmten Teller legen. Kartoffel pellen und alles mit der Sauce anrichten.

305 kcal/1276 kJ

ZWISCHENMAHLZEIT:

2 Vollkornzwiebäcke

80 kcal/335 kJ

ABENDESSEN:
Kartoffel-Lauch-Gemüse

1 mittelgroße Stange Lauch, 200 g
2 mittelgroße Kartoffeln, 120 g
⅛ l Gemüsebrühe, Instant

Salz
Pfeffer aus der Mühle
1 Prise Muskat
2 TL Crème fraîche
1 Scheibe kalorienreduzierter Käse, 30 g

Vom Lauch die Wurzeln und harten Blätter entfernen. Die Stange längs halbieren und unter fließendem Wasser gründlich abspülen. Lauch in Stücke schneiden. Kartoffel schälen und vierteln. Beide Gemüse zusammen in der Gemüsebrühe 25 Minuten sanft garen. Mit Salz, Pfeffer und Muskat abschmecken und mit Crème fraîche verfeinern. Gemüse auf einen tiefen Teller geben und den Käse in Streifchen darüberlegen. Für 5 Minuten in den auf 200°C vorgewärmten Backofen oder 1 Minute bei 600 Watt in die Mikrowelle setzen, damit der Käse schmilzt.

313 kcal / 1310 kJ

3. TAG

FRÜHSTÜCK:

Knäckebrot mit Radieschen und Frischkäse

½ Becher körniger Frischkäse
½ Bund Radieschen
Salz
Pfeffer aus der Mühle
1 EL gehackter Schnittlauch oder Petersilie
2 Knäckebrotscheiben

Frischkäse mit den gewaschenen und gewürfelten Radieschen sowie Salz und Pfeffer nach Geschmack vermischen und auf die Knäckebrotscheiben geben. Dazu Kaffee oder Tee ohne Milch und Zucker.

187 kcal/782 kJ

ZWISCHENMAHLZEIT:

1 kleiner Magermilchjoghurt mit Früchten, 125 g

70 kcal/293 kJ

MITTAGESSEN:

Kartoffel-Aprikosen-Omelett

*1 mittelgroße Kartoffel,
60 g
⅛ l fettarme (1,5 % Fett
i. Tr.) Milch
1 Ei, Gew.-Kl. 4*

*1 TL Honig
1 TL Butter
100 g frische Aprikosen
Zimt zum Bestreuen*

Die Kartoffel kochen, heiß pellen und durch die Kartoffelpresse oder durch ein Sieb drücken. Den Brei mit Milch, Eigelb und Honig gut verrühren. Eiweiß zu steifem Schnee schlagen und unter die Masse heben. Die Aprikosen waschen, entkernen und vierteln. In einer beschichteten Pfanne mit der Butter kurz schmoren. Die Omelett-Masse daraufgeben und alles braten. Vorsichtig auf einen Teller gleiten lassen und wenden. Wem das zu schwierig ist, setzt beim Braten einen Deckel auf und läßt so das Omelett fest werden. Mit Zimt bestreut verzehren.

323 kcal / 1351 kJ

ZWISCHENMAHLZEIT:

1 kleiner Apfel und 1 Scheibe Sesamknäckebrot

95 kcal / 397 kJ

ABENDESSEN:

Kartoffel-Spargel-Suppe

2 mittelgroße Kartoffeln, 120 g
Spargelwasser und 200 g Spargel vom Vortag
2 EL kalorienreduzierte süße Sahne, 10 % Fett i. Tr.
Salz
Pfeffer aus der Mühle
1 Prise Muskat
1 EL gehackte Petersilie
½ Scheibe Vollkornbrot, 23 g
1 TL Butter

Kartoffeln schälen und sehr klein würfeln. Restlichen Spargel schälen und in kleine Stücke schneiden. Spargelwasser zum Kochen bringen und Kartoffeln und Spargel in 20—25 Minuten darin weich kochen. Die Suppe mit Sahne verfeinern und mit Salz, Pfeffer und Muskat abschmecken. Zuletzt die Petersilie überstreuen. Butterbrot dazu essen.

301 kcal / 1259 kJ

4. TAG

FRÜHSTÜCK:
Müsli mit Banane

2 EL Müsli ohne Zuckerzusatz (aus dem Reformhaus), 30 g

⅛ l fettarme (1,5 % Fett i. Tr.) Milch
½ Banane

Müsli mit der Milch mindestens 30 Minuten quellen lassen. Banane sehr klein schneiden und unter das Müsli heben. Dazu Kaffee oder Tee ohne Milch und Zucker trinken.

216 kcal/904 kJ

ZWISCHENMAHLZEIT:

1 Scheibe Knäckebrot mit 1 TL Crème fraîche bestreichen und mit der anderen Bananenhälfte — in Scheiben geschnitten — belegt.

123 kcal/515 kJ

MITTAGESSEN:

Fernöstlicher Kartoffeleintopf

2 mittelgroße Kartoffeln, 120 g
2 mittelgroße Möhren, 150 g
1 Selleriestange
1 Lauchzwiebel
1 TL Sonnenblumenöl
1 EL Sojasauce
Gemüsebrühe, Instant
150 g Sojabohnensprossen
Salz
Pfeffer aus der Mühle
1 TL Weinessig
1 gehäufter TL Kokosflocken

Kartoffeln schälen, halbieren und in Scheibchen schneiden. Möhren und Selleriestange putzen und ebenfalls in dünne Scheiben schneiden. Lauchzwiebel putzen und in Ringe schneiden. Das vorbereitete Gemüse in einer beschichteten Pfanne im Öl anschmoren. Sojasauce und 4—5 EL Gemüsebrühe zugießen und alles bei sanfter Hitze 15 Minuten garen, das Gemüse soll noch Biß haben. Dann die abgespülten Sojabohnensprossen unterheben und weitere 5 Minuten schmoren. Mit Salz, Pfeffer und Essig abschmecken. Kokosflocken in der trockenen Pfanne hellbraun rösten und über das Gericht streuen.

299 kcal/1251 kJ

ZWISCHENMAHLZEIT:

1 Glas naturtrüber Apfelsaft, 0,2 l

94 kcal/393 kJ

ABENDESSEN:

Kartoffel-Kohlrabi-Suppe mit Safran

2 mittelgroße Kartoffeln, 120 g
1 mittelgroße Kohlrabi, 200 g
Gemüsebrühe, Instant
1 mittelgroße Zwiebel, 50 g
1 TL Butter
2 EL kalorienreduzierte (10 % Fett i. Tr.) Sahne
4—5 Safranfäden
Salz
Pfeffer aus der Mühle
1 EL feingehackter Kerbel oder Petersilie
1 Scheibe balaststoffreicher Vollkorntoast, 30 g

Kartoffeln und Kohlrabi schälen und beide in Würfel schneiden. In gut ¼ l Gemüsebrühe in etwa 25 Minuten weich kochen. In der Zwischenzeit in einem zweiten Topf die geputzte und feingewürfelte Zwiebel in der Butter glasig werden lassen. Ein Sieb auf den Topf legen und die Kartoffeln und Kohlrabi samt Brühe auf die Zwiebel passieren. Sahne und Safranfäden unterrühren und mit Salz und Pfeffer abschmecken. Alles noch etwa 8—10 Minuten bei kleiner Hitze sieden lassen. Dann mit Kerbel oder Petersilie bestreut servieren und das Brot dazu essen.

290 kcal/1213 kJ

5. TAG

FRÜHSTÜCK:

Vollkornbrot mit Pflaumenmus und Quark

1 Scheibe Vollkornbrot, 45 g
2 TL Diät-Pflaumenmus
1 EL Magerquark
1 kleines Glas Gemüsesaft oder -cocktail (aus dem Reformhaus)

Brot mit Pflaumenmus und Quark bestreichen, Gemüsesaft auf nüchternen Magen trinken. Zum Brot wie gewohnt Kaffee oder Tee ohne Milch und Zucker.

219 kcal/916 kJ

ZWISCHENMAHLZEIT:

300 g Erdbeeren oder 200 g frische Aprikosen

110 kcal/460 kJ

MITTAGESSEN:

In Dampf gegarte Kartoffeln und Gemüse mit Joghurt-Sauce

1 mittelgroße Karotte, 75 g
1 Selleriestange, 100 g
½ Kohlrabi, 100 g
1 kleine Lauchstange, 100 g
2 mittelgroße Kartoffeln, 120 g
1 Becher Magermilchjoghurt (1,5 % Fett i. Tr.), 150 g
Salz
Pfeffer aus der Mühle
1 TL Zitronensaft
3 gestrichene TL Sesam

Das Gemüse putzen und in mittelgroße Stücke schneiden. Zusammen in den Siebeinsatz des Dampfgarers (Biogarer) legen oder in einen einfachen Siebeinsatz, den es für wenig Geld in jedem Haushaltsladen gibt. Das Gemüse über wenig Wasser in Dampf garen, so daß es noch einen Biß hat. Durch diese Garmethode bleiben auch der Eigengeschmack und die Nährwerte des Gemüses weitgehend erhalten. In der Zwischenzeit Joghurt mit Salz, Pfeffer und Zitronensaft abschmecken. Sesam in der Pfanne ohne Fett unter Rühren leicht anrösten. Das Gemüse mit der Joghurtsauce übergießen und mit dem Sesam bestreuen.

310 kcal / 1297 kJ

ZWISCHENMAHLZEIT:

2 Vollkornzwiebäcke mit je 1 TL zuckerfreiem Fruchtaufstrich.

108 kcal / 452 kJ

ABENDESSEN:

Kartoffelsalat mit frischen Champignons

2 mittelgroße, vorgegarte Pellkartoffeln, 120 g
100 g frische Champignons
Saft von ½ Zitrone
1 Bund Radieschen
1 Bund Schnittlauch
1 EL Crème fraîche
Salz
schwarzer Pfeffer aus der Mühle
2—3 Salatblätter
1 EL Kürbiskerne, geschält, 20 g

Kartoffeln pellen und in Scheibchen schneiden. Champignons putzen und ebenfalls in Scheibchen schneiden, mit etwas Zitrone beträufeln, damit sie nicht braun werden. Radieschen putzen und fein auf der Gurkenreibe hobeln. Schnittlauch in Röllchen schneiden. Alles vermischen und mit einer Marinade aus Crème fraîche, dem restlichen Zitronensaft, Salz und Pfeffer vermischen. Auf Salatblättern anrichten.

313 kcal / 1310 kJ

6. TAG

FRÜHSTÜCK:

Ei im Glas mit Knäckebrot

1 Ei, Gew.-Kl. 4
1 EL Schnittlauch in
Röllchen
Salz

Pfeffer aus der Mühle
1 Spritzer Worcestersauce
2 Scheiben Knäckebrot
1 TL Butter

Ei weich kochen, kurz abschrecken und pellen. In ein vorgewärmtes Glas geben, mit Schnittlauch, Salz, Pfeffer und einem Spritzer Worcestersauce vermischen. Dazu Knäckebrot mit Butter essen. Außerdem Tee oder Kaffee ohne Milch und Zucker.

205 kcal/858 kJ

ZWISCHENMAHLZEIT:

½ Becher Kefir und 1 Sesamknäckebrot

97 kcal/406 kJ

MITTAGESSEN:
Kartoffelgratin mit Kräutern
(Foto Seite 139)

2 mittelgroße Kartoffeln, 120 g
1 TL Butter
1 kleine Knoblauchzehe
Salz
Pfeffer aus der Mühle
2 EL frische Kräuter wie Thymian, Petersilie, Rosmarin
4 EL Alpensahne, 120 g
1 EL geriebener Emmentaler Käse
250 g Salatgurke
2 EL Magermilchjoghurt, 1,5 % Fett i. Tr.
1 EL Zitronensaft
1 EL gehackter Dill

Kartoffeln schälen und auf dem Gurkenhobel in Scheiben schneiden. Eine Gratinform mit Butter und dem geschälten und durchgepreßten Knoblauch ausreiben. Kartoffeln dachziegelartig einschichten. Herzhaft mit Salz, Pfeffer und den feingehackten Kräutern würzen. Alpenmilch mit 5—6 EL Wasser verdünnen, darübergießen und mit Käse überstreuen. Im vorgeheizten Backofen bei 225°C 30—40 Minuten backen. Gurke gründlich waschen und mit der Schale hobeln. Mit Joghurt, Zitronensaft, Salz, Pfeffer und Dill abschmecken und zum Gratin servieren.

316 kcal/1322 kJ

ZWISCHENMAHLZEIT:

1 Kiwi und ½ Apfel

72 kcal/301 kJ

ABENDESSEN:

Kartoffel-Quark-Auflauf mit Apfel

1 mittelgroße Kartoffel, 60 g
100 g Magerquark
⅛ l fettarme (1,5 % Fett i. Tr.) Milch
1 Eiweiß
1 Msp gemahlene Vanille (Reformhaus)
1 TL Honig
½ Apfel
½ TL Butter
Zimt zum Bestreuen

Die Kartoffel gar kochen und pellen. Noch heiß durch die Kartoffelpresse oder durch ein Sieb drücken. Dann mit Quark, Milch, Honig und Vanille gut verrühren. Eiweiß zu steifem Schnee schlagen und unterheben. Den Apfel schälen und grob raspeln, unter die Auflaufmasse mischen. Eine Form mit der weichen Butter auspinseln und die Auflaufmasse hineingeben. Im vorgeheizten Backofen bei 225 °C 20 Minuten backen. Dann mit Zimt bestreut servieren.

296 kcal / 1238 kJ

Tip: Eigelb in ein kleines Gefäß geben, mit 1 EL Wasser übergießen und mit Folie bedeckt im Kühlschrank bis zur Verwendung aufheben.

7. TAG

FRÜHSTÜCK:

Quark
mit Birne und Haferflocken

1 schöne reife Birne   *1 TL Honig*
3 EL Magerquark   *1 EL Haferflocken*

Birne gut waschen und halbieren. Kerngehäuse und Stiel herausschneiden. Die eine Birnenhälfte in Schnitze schneiden, die andere würfeln. Quark mit etwas Wasser geschmeidig rühren und mit dem Honig süßen. Birnenwürfel unterheben und auf den Schnitzen anrichten. Haferflocken in der trockenen Pfanne anrösten und über dem Quark verteilen.

206 kcal/862 kJ

ZWISCHENMAHLZEIT:

1 Scheibe Knäckebrot mit 1 Scheibe fettarmem Käse, 20 g, und 1 Bund Radieschen.

94 kcal/393 kJ

MITTAGESSEN:
Kartoffelsalat mit Sojabohnen

2 mittelgroße Kartoffeln, 120 g
½ TL Kümmelsamen
1 mittelgroße rote Zwiebel, 50 g
125 g Sojabohnensprossen
1 Msp Delikateß-Senf
1 knapper EL Zitronensaft
Salz
1 Msp Ingwerpulver
1 EL Kondensmilch, 4 % Fett i. Tr.
2 EL Joghurt-Salat-Creme
3—4 frische Salatblätter

Kartoffeln zusammen mit dem Kümmel in Wasser garen, abkühlen lassen, pellen und in dünne Scheiben schneiden. Zwiebel schälen, vierteln und in Streifchen schneiden. Sojabohnen in ein Sieb geben und gut abspülen, abtropfen lassen. Mit den Zwiebeln unter die Kartoffeln mischen. Aus Senf, Zitronensaft, Salz, Ingwerpulver, Kaffeesahne und Salat-Creme eine Sauce rühren und unter den Salat mischen. Auf frischen Salatblättern anrichten.

290 kcal/1213 kJ

ZWISCHENMAHLZEIT:

1 kleiner Apfel, 50 g   55 kcal/230 kJ

ABENDESSEN:

Paprika mit buntem Kartoffelpüree

(Foto Seite 207)

3 mittelgroße verschiedenfarbige Paprikaschoten, gelb, rot und grün, zusammen 450 g
2 mittelgroße Kartoffeln, am besten Bintje, 120 g
⅛ l Magermilch, 1,5 % Fett i. Tr.
Salz
Pfeffer aus der Mühle
1 Prise Muskat

Für das rote Püree:
1 TL Tomatenmark
1 EL Maiskörner aus der Dose
einige Basilikumblättchen

Für das gelbe Püree:
1 Msp gemahlener Safran
1 EL vorgekochte Kichererbsen (Dose)
1 Kirschtomate

Für das grüne Püree:
1 EL TK-Kräuter, 8 Kräuter gemischt
1 Wachtelei oder das Eigelb vom Vortag

Paprikaschoten halbieren — dabei den Stiel durchschneiden, nicht wegnehmen. Kerngehäuse herausschneiden und die Schoten ausspülen. Kartoffeln mit Schale weich kochen, pellen und durch die Kartoffelpresse oder durch ein Sieb drücken (nicht mit dem Pürierstab pürieren, dann entsteht ein klebriger Brei). Dieses Grundpüree mit heißer Milch verrühren und Salz, Pfeffer und Muskatnuß abschmecken. In drei Teile teilen. Den ersten Teil mit Tomatenmark verrühren, die Hälfte der Maiskörner unterheben und alles in eine halbe rote Schote füllen. Mit den restlichen Maiskörnern und Basilikum dekorieren.
Den zweiten Püree-Teil mit Safran und den zerdrück-

ten Kichererbsen vermischen, in eine halbe gelbe Schote füllen und mit der aufgeschnittenen Kirschtomate verzieren.

Den dritten Teil des Pürees mit den Kräutern vermischen, in eine halbe grüne Schote geben. Das Wachtelei oder das Eigelb in der leicht mit Öl eingepinselten beschichteten Pfanne braten, würzen und auf das grüne Püree setzen. Restliche Schotenhälften am nächsten Tag als Salat oder Gemüse essen.

346 kcal/1448 kJ

14 Tage Kartoffel-Diät mit der Mikrowelle

Wer bei der Zubereitung der Kartoffelgerichte die schnelle Welle zur Hilfe nehmen kann, spart nicht nur Zeit, sondern auch Geschirr. Denn die meisten Rezepte lassen sich in einem Topf zubereiten — einem mikrowellenfesten Spezialgeschirr, zu dem immer ein Deckel gehört. Er ist unbedingt notwendig, damit beim Garen die Zutaten nicht austrocknen. Genausogut wie diese Mikrowellentöpfe lassen sich auch Porzellangeschirrteile, Teller und Schüsseln, ohne Gold- oder Silberrand oder mikrowellenfestes Keramikgeschirr verwenden. Zum Abdecken nimmt man einfach einen Teller oder Mikrowellenfolie (von Melitta), die es von der Rolle gibt.

Beim Garen darauf achten: Die Zeiten können manchmal variieren, das hängt vom Produkt oder vom Zusammenwirken der Zutaten ab. Kein Problem — sind die Kartoffelstückchen noch zu hart, wird einfach noch 1 Minute bei 600 Watt zugegeben. Ähnlich verhält es sich mit der Flüssigkeitsmenge — manche Kartoffeln nehmen mehr, manche weniger auf. Das hängt von der Sorte, von der Frische und vom Alter der Kartof-

feln ab. Auch hier wird dann einfach noch etwas Wasser — nach Eßlöffeln bemessen — zugefügt.
Wichtig: Während der Garzeit ein-, zwei- oder auch dreimal — je nach Länge — den Kochprozeß unterbrechen und die Zutaten durchrühren. Dann gart alles gleichmäßiger. Nicht vergessen, den Startknopf erneut zu drücken.
Auch auf diesem Diätfahrplan stehen pro Tag rund 1000 Kalorien, verteilt auf fünf Mahlzeiten, auf dem Programm:

Frühstück mit rund 200 Kalorien
Zwischenmahlzeit mit rund 100 Kalorien
Mittagessen mit rund 300 Kalorien
Zwischenmahlzeit mit rund 100 Kalorien
Abendessen mit rund 300 Kalorien

Kalorienmengen sind bei allen Mahlzeiten gesondert ausgewiesen, mal liegen sie etwas über, mal etwas unter den oben angegebenen Standardmengen.
Wem das eine oder andere Frühstück, die eine oder andere Zwischenmahlzeit nicht behagt, kann sie auch gegen entsprechende andere austauschen. Ideen finden sich in diesem Zwei-Wochen-Programm schließlich reichlich.

1. TAG

FRÜHSTÜCK:
Knäckebrot und Quark

2 Scheiben Knäckebrot   *80 g Magerquark*
2 TL zuckerfreier Fruchtaufstrich

Knäckebrot zuerst mit dem Fruchtaufstrich, dann dick mit dem Quark bestreichen. Dazu gibt es Tee oder Kaffee ohne Milch und Zucker.

150 kcal/628 kJ

ZWISCHENMAHLZEIT:

2 Aprikosen und 1 Pfirsich

110 kcal/460 kJ

MITTAGESSEN:

Kartoffelgratin mit Schinken und Salat

2 mittelgroße Kartoffeln, 120 g
Salz
Pfeffer aus der Mühle
1 Prise geriebene Muskatnuß
1 TL geriebener Emmentaler Käse
⅛ l fettarme Milch, 1,5 % Fett i. Tr.

1 Scheibe gekochter Schinken ohne Fett, 30 g
1 Portion Blattsalat
1 TL Olivenöl
Zitronensaft
1 EL gehackter Dill oder gehackte Petersilie

Kartoffeln schälen und auf dem Gurkenhobel in dünne Scheiben schneiden. Eine kleine Gratinform oder einen Suppenteller aus Porzellan mit den Scheiben dachziegelartig auslegen, mit Salz, Pfeffer sowie etwas geriebenem Muskat würzen. Milch über die Kartoffeln gießen und mit Käse überstreuen. Das Gratin in insgesamt *9 Minuten bei 600 Watt* backen, dabei den Garprozeß nach jeweils *2 Minuten* unterbrechen, da die Milch hochgeht. Kurz stehenlassen, die Scheiben mit der Gabel leicht bewegen und die Form oder den Teller drehen und die nächsten 2 Minuten, zuletzt noch 1 Minute garen. In jeder Pause wie beschrieben verfahren. Den Salat mit einer Marinade aus Öl, Zitronensaft, Salz, Pfeffer und Dill oder Petersilie vermischen, Schinken und Salat zum Gratin essen.

303 kcal / 1268 kJ

ZWISCHENMAHLZEIT:

2 Vollkornzwiebäcke mit 2 TL zuckerfreiem Fruchtaufstrich

112 kcal/469 kJ

ABENDESSEN:
Kartoffel-Möhren-Suppe

2 mittelgroße Kartoffeln, 120 g
3 mittelgroße Möhren, 150 g
¼ l Gemüsebrühe, Instant
1 TL Butter
1 gute Msp getrockneter Thymian
Salz
schwarzer Pfeffer aus der Mühle
1 Msp gemahlener Koriander
50 g Putenbrustaufschnitt
1 TL Crème fraîche
1 EL gehackte Petersilie
1 Scheibe kalorienreduziertes Toastbrot, 20 g

Kartoffeln und Möhren schälen und klein würfeln. Mit ¼ l Gemüsebrühe, Butter und Thymian in einen Mikrowellentopf geben. Bei *600 Watt 10 Minuten* garen. Zwischendurch nach jeweils 2—3 Minuten, umrühren. Gemüse mit dem Pürierstab oder im Mixer pürieren. Mit Salz, Pfeffer und Koriander abschmecken. Crème fraîche unterrühren. Den Aufschnitt in kleine Streifen schneiden und in die Suppe geben. Alles nochmals 1½ Minuten bei 600 Watt erhitzen. Mit Petersilie bestreuen. Getoastetes Brot zu der Suppe essen.

343 kcal/1435 kJ

2. TAG

FRÜHSTÜCK:

Bananenmilch mit Schwedenbrötchen

½ reife Banane, 75 g
¼ l fettarme Milch

1 Schwedenbrötchen
(Zwiebackteilchen), 10 g

Banane pürieren oder mit der Gabel musig kneten, mit der kalten Milch mixen. Zu der Bananenmilch das Schwedenbrötchen essen. Wer mag, trinkt noch Kaffee oder Tee ohne Milch und Zucker.

198 kcal/828 kJ

ZWISCHENMAHLZEIT:

½ Banane und 1 Kiwi, je 100 g

115 kcal/481 kJ

MITTAGESSEN:

Kartoffel-Paprika-Eintopf

1 große Kartoffel, 100 g
2 Lauchzwiebeln
1 kleine Knoblauchzehe
1 große, rote Paprikaschote, 150 g
Gemüsebrühe, Instant
1 knapper TL Kräuter der Provence
1 TL Olivenöl
100 g Hähnchenbrust
2 TL Zitronensaft
1 Msp Paprikapulver, edelsüß
2 EL gehackte Petersilie

Kartoffel schälen und in Würfel schneiden. Lauchzwiebeln putzen und in Ringe schneiden. Die Knoblauchzehe schälen und feinwürfelig schneiden. Paprika putzen und in dünne Streifen schneiden. Das ganze Gemüse in einen Mikrowellentopf geben, 6 EL Brühe, die Provençekräuter und Butter untermischen. Alles *7 Minuten bei 600 Watt* garen. Zwischendurch zweimal umrühren. Das Hähnchenfleisch in Streifen schneiden und mit dem Zitronensaft marinieren, dann unter das Gemüse heben. Zugedeckt alles weitere *7 Minuten bei 600 Watt* garen, dabei wieder zweimal umrühren. Das Gericht mit Paprikapulver, Salz und Pfeffer abschmecken und mit Petersilie bestreut servieren.

310 kcal/1297 kJ

ZWISCHENMAHLZEIT:

1 Becher Magermilchjoghurt mit 1 TL Honig gesüßt

90 kcal/377 kJ

ABENDESSEN:

Warmer Kartoffelsalat mit Würstchen

*2 mittelgroße Kartoffeln,
120 g
Gemüsebrühe, Instant
1 mittelgroße Zwiebel,
50 g
Salz
schwarzer Pfeffer aus der
Mühle*

*1—2 EL Weinessig
1 TL Sonnenblumenöl
1 EL gehackte Petersilie
1 kalorienarmes
Würstchen (›Du darfst‹)
1 Bund Radieschen*

Die Kartoffeln schälen, halbieren und in Scheiben schneiden. Mit knapp 100 ccm Gemüsebrühe in den Mikrowellentopf geben, zugedeckt bei *600 Watt in 8 Minuten* garen. Zwischendurch ein- bis zweimal umrühren. Nach dem Garen die Kartoffeln noch 2 Minuten im Gerät stehenlassen. In der Zwischenzeit die Zwiebel fein würfeln, unter die Kartoffeln mischen und alles mit Salz, Pfeffer, Essig und Öl vermischen und abschmecken. Dazu das in Wasser erhitzte Würstchen und die gewaschenen, geputzten Radieschen essen.

268 kcal/1121 kJ

Kartoffel-Krabben-Gratin mit Salat ▷
(Rezept S. 188)

3. TAG

FRÜHSTÜCK:

Orangensaft und Knäckebrot

1 Glas frisch gepreßter Orangensaft (¼ l)
2 Knäckebrot

2 EL körniger Frischkäse
1 EL gehackte Petersilie

Den frisch gepreßten Orangensaft möglichst auf nüchternen Magen trinken. Die Knäckebrotscheiben mit dem Frischkäse und der Petersilie bestreichen.

203 kcal/642 kJ

ZWISCHENMAHLZEIT:

1 Schwedenbrötchen mit 1 TL zuckerfreiem Fruchtaufstrich bestrichen

83 kcal/220 kJ

MITTAGESSEN:

Kartoffel-Brokkoli-Gemüse mit Schinken

1 große Kartoffel, 100 g
4 EL Gemüsebrühe, Instant
200 g Brokkoli, geputzt gewogen
6 EL fettarme Milch (1,5 % Fett i. Tr.)
Salz
frischgemahlener schwarzer Pfeffer
1 Prise Muskatnuß
2 EL geriebener Emmentaler Käse
1 Scheibe Kochschinken ohne Fettrand, 30 g

Die Kartoffel schälen, würfeln und mit der Brühe im zugedeckten Topf *3 Minuten bei 600 Watt* vorgaren. Den geputzten Brokkoli abspülen und in kleine Röschen, die zarten Strünke in Scheibchen schneiden. Brokkoli unter die Kartoffeln mischen und alles mit der Milch begießen. *8 Minuten bei 600 Watt* garen, dann mit Salz, Pfeffer und Muskat würzen. Den Schinken in Streifchen schneiden und auf das Gemüse legen. Alles mit Käse bestreuen und noch *1 Minute bei 600 Watt* fertig garen.

403 kcal / 1686 kJ

ZWISCHENMAHLZEIT:

1 Magermilchjoghurt, 150 g

60 kcal / 251 kJ

ABENDESSEN:

Gratinierte Tomaten im grünen Kartoffelbett

2 mittelgroße Kartoffeln, 120 g
⅛ l fettarme Milch (1,5 % Fett i. Tr.)
Salz
frischgemahlener schwarzer Pfeffer
1 Prise Muskatnuß
1 Päckchen TK-Kräuter, 8 Kräuter gemischt
1 TL Crème fraîche
2 mittelgroße Tomaten, 100 g
1 EL Paniermehl
1 kleine Knoblauchzehe
1 TL Butter
1 Portion Blattsalat
1 TL Zitronensaft

Kartoffeln schälen, vierteln und in Scheibchen oder Würfel schneiden. Mit der Milch in einen Mikrowellentopf geben und zugedeckt *2 × 3½ Minuten bei 600 Watt* garen, zwischendurch kurz ziehen lassen, da die Milch sonst überschäumt. Kartoffeln mit dem Pürierstab pürieren oder besser durch ein Sieb streichen, eventuell noch mit 2 EL Wasser geschmeidig rühren. Mit Salz, Pfeffer, Muskat und den Kräutern würzen. Tomaten waschen und kreuzweise einschneiden. In einen zweiten Topf setzen. Paniermehl mit der geschälten zerdrückten Knoblauchzehe und der Butter verkneten, auf die Tomaten geben. Diese zugedeckt *3 Minuten bei 600 Watt* gratinieren. Kartoffelpüree auf einen Porzellanteller geben und zugedeckt noch mal *1 Minute bei 600 Watt* erhitzen, darauf die Tomaten anrichten. Den Blattsalat mit Zitrone, wenig Salz und Pfeffer anmachen.

304 kcal / 1272 kJ

4. TAG

FRÜHSTÜCK:

Cornflakes

6 EL Cornflakes
¼ l fettarme Milch, 1,5 %
Fett i. Tr.
1 TL Honig

Cornflakes in einen tiefen Teller geben, Milch zugießen und den Honig darüberträufeln. Kaffee oder Tee ohne Milch und Zucker ergänzen das Frühstück.

225 kcal/941 kJ

ZWISCHENMAHLZEIT:

1 Scheibe Knäckebrot mit 2 TL körnigem Frischkäse und Schnittlauch

87 kcal/364 kJ

MITTAGESSEN:

Kartoffel mit Spinat, Ei und Parmesankäse

1 große Kartoffel, 100 g
Gemüsebrühe, Instant
300 g TK-Spinat
1 mittelgroße Zwiebel
1 TL Sonnenblumenöl
½ TL gerebeltes Basilikum
1 TL Crème fraîche
1 kleines Ei, Gew.-Kl. 4
1 gehäufter TL geriebener Parmesankäse

Die Kartoffel schälen, halbieren und in dünne Scheiben schneiden. Mit 6 EL Brühe übergießen und zugedeckt *8 Minuten bei 600 Watt* garen, zwischendurch die Kartoffeln einmal wenden. Nach dem Garen die Kartoffeln beiseite stellen. Zwiebel schälen, feinwürfelig schneiden und mit dem Öl in einem zweiten Mikrowellentopf ohne Deckel *3 Minuten bei 600 Watt* dünsten. Den unaufgetauten Spinat darauflegen und zugedeckt in *7 Minuten bei 600 Watt* auftauen und garen. Zwischendurch zweimal umrühren. Spinat mit Basilikum, Crème fraîche, Salz und Pfeffer pikant abschmecken, dann auf die Kartoffeln füllen. In die Mitte eine kleine Mulde machen, das Ei aufschlagen und hineingleiten lassen. Eigelb mit einer Gabel mehrmals einstechen, mit etwas Salz und Pfeffer würzen und den Parmesankäse darüberstreuen. Zugedeckt alles noch *3 Minuten bei 600 Watt* in das Gerät stellen und dann sofort servieren.

338 kcal / 1414 kJ

ZWISCHENMAHLZEIT:

½ Cantaloupe-Melone, 300 g

78 kcal / 326 kJ

ABENDESSEN:

Béchamelkartoffeln mit Rote Bete

1 mittelgroße Zwiebel, 50 g
2 Scheiben roher Schinken ohne Fettrand, 30 g
Gemüsebrühe, Instant
2 mittelgroße Kartoffeln, 120 g
1 gute Msp getrockneter Majoran
schwarzer Pfeffer aus der Mühle
⅛ l fettarme Milch, 1,5 % Fett i. Tr.
1 TL Crème fraîche
Salz
1 Portion Rote Bete aus dem Glas, 150 g

Zwiebel schälen und sehr fein würfeln, ebenfalls den Schinken, vorher Fettadern abschneiden. Beides mit 3 EL Gemüsebrühe in einen Mikrowellentopf geben und offen in *1½ Minuten bei 600 Watt* glasig werden lassen. Kartoffeln schälen, vierteln und in Scheibchen schneiden, Majoran und Pfeffer zugeben und mit der Milch begießen. Alles *8 Minuten bei 600 Watt* garen, zwischendurch dreimal den Garprozeß unterbrechen und die Kartoffeln umrühren. Sind die Kartoffeln noch nicht gar, 1 weitere Minute zugeben. Die Kartoffeln mit Crème fraîche sowie Salz abschmecken. Dazu die Rote Bete essen.

255 kcal/1067 kJ

5. TAG

FRÜHSTÜCK:

Müsli mit Backpflaumen

2 schwach gehäufte EL Müslimischung ohne Zucker (aus dem Reformhaus)

3 ungeschwefelte Backpflaumen
½ Becher fettarmer Joghurt, 1,5 % Fett i. Tr.

Backpflaumen am Vorabend mit Wasser bedeckt einweichen. Am Morgen Müsli ebenfalls mit etwas warmem Wasser mindestens 30 Minuten quellen lassen. Dann die Pflaumen entsteinen und in Stückchen unter das Müsli mischen, Joghurt untermengen. Dazu Kaffee oder Tee ohne Milch und Zucker.

169 kcal/707 kJ

ZWISCHENMAHLZEIT:

1 Birne   66 kcal/276 kJ

MITTAGESSEN:

Rotbarsch im Kartoffelbett

*150 g Rotbarschfilet, frisch oder tiefgekühlt
2 TL Zitronensaft
Salz
schwarzer Pfeffer aus der Mühle
2 mittelgroße Kartoffeln, 120 g
Gemüsebrühe, Instant
1 TL gehackter frischer oder ½ TL getrockneter Thymian
2 mittelgroße Tomaten, 100 g
1 Bund glatte Petersilie
1 TL Crème fraîche*

Den Fisch abspülen und mit Küchenkrepp trocknen. Beidseitig mit Zitronensaft, wenig Salz und reichlich Pfeffer einreiben. Kartoffeln schälen, vierteln und in Scheibchen schneiden, auf den Boden einer mikrowellengeeigneten Form legen. 4 EL Brühe zugießen und *3 Minuten bei 600 Watt* im geschlossenen Topf vorgaren. Dann mit einem Teil vom Thymian bestreuen. Tomaten waschen und in Scheiben schneiden. Die erste Tomate auf die Kartoffelscheiben legen und mit der Hälfte der Petersilie und etwas Salz und Pfeffer bestreuen. Darauf den Fisch gleichmäßig betten. Alles mit den Scheiben der zweiten Tomate bedecken, wieder leicht salzen und pfeffern und mit dem restlichen Thymian bestreuen. Den Topf zugedeckt *8 Minuten bei 600 Watt* in die Mikrowelle stellen. Zwischendurch den Topf zweimal — also nach etwa 2½ Minuten — drehen und leicht rütteln, damit alles gleichmäßig gart. Noch 2 Minuten im ausgeschalteten Gerät stehenlassen. Vor dem Servieren mit der Crème fraîche bestreichen und der restlichen Petersilie bestreuen.

307 kcal / 1284 kJ

ZWISCHENMAHLZEIT:

½ Becher fettarmer Joghurt, vermischt mit 250 g geraspelter Gurke und gewürzt mit 1 TL Zitrone, 1 Prise Salz und etwas gehackter Minze oder Dill. Dazu 1 Scheibe Knäckebrot.

101 kcal/423 kJ

ABENDESSEN:
Gefüllte Kartoffeln und Salat

2 große Kartoffeln, 200 g, festkochend
1 Frühlingszwiebel oder einfache kleine Zwiebel
2 Scheiben roher Schinken ohne Fettrand, 80 g
1 TL Butter
2 EL Magerquark
Salz
schwarzer Pfeffer aus der Mühle
1 TL gehackter frischer oder ½ TL getrockneter Majoran
1 EL gehackte Petersilie
1 Portion Blattsalat, nach Wahl Eisbergsalat, Lollo Rosso oder Radicchio
1 EL Zitronensaft
2 EL fettarmer Joghurt, 1,5 % Fett i. Tr.
½ Schälchen Kresse

Die Kartoffeln schälen oder nur kräftig abbürsten, dann aushöhlen, Frühlingszwiebel putzen und in Ringe schneiden. Den Schinken würfeln. Zwiebel und Schinken mit der Butter in einen Mikrowellentopf geben und offen *2 Minuten bei 600 Watt* glasig werden lassen. Dann mit dem gehackten Kartoffelinnern, Quark, Salz, Pfeffer und Majoran gut vermischen und in die Kartoffeln füllen. Diese in den Mikrowellentopf set-

zen, 2—3 EL Wasser angießen und den Topf schließen. Alles *12 Minuten bei 600 Watt* garen. Nach der Hälfte der Garzeit den Topf drehen und die Kartoffeln fertiggaren. Noch 1 Minute im Gerät nachgaren lassen.
In der Zwischenzeit den Salat vorbereiten und mit einer Sauce aus Zitronen, Joghurt, Salz und Pfeffer vermischen und mit der Kresse bestreuen.

323 kcal/1351 kJ

6. TAG

FRÜHSTÜCK:

Vollkornbrot mit Apfelquark und Erdbeeren

1 Scheibe Vollkornbrot, 40 g
1 gehäufter EL Magerquark
½ Apfel
1 TL Honig
100 g Erdbeeren

Magerquark mit dem gut abgespülten, mit Schale geraffeltem halben Apfel und dem Honig vermischen und auf das Brot streichen. Mit halbierten Erdbeeren belegen. Dazu Kaffee oder Tee ohne Milch und Zukker.

217 kcal/908 kJ

ZWISCHENMAHLZEIT:

Obstsalat aus ½ Apfel, 1 Kiwi und 100 g Erdbeeren

107 kcal/448 kJ

MITTAGESSEN:
Kartoffelsuppe mit Croûtons

2 mittelgroße Kartoffeln, 120 g
1 kleine Stange Lauch
1 kleine Möhre, 50 g
Gemüsebrühe, Instant
2 Scheiben Rindersaftschinken, 40 g
1 TL frische gemischte Kräuter wie Thymian, Rosmarin und Majoran, ersatzweise ½ TL getrocknete
Salz
schwarzer Pfeffer aus der Mühle
1 Spritzer Worcestersauce
1 TL Crème fraîche
½ Scheibe Toastbrot, kalorienreduziert
1 TL Butter

Kartoffeln schälen und würfeln. Lauch putzen und in feine Streifchen schneiden. Die Möhre putzen und grob raspeln. Mit ¼ l Gemüsebrühe in den Mikrowellentopf füllen und *8 Minuten bei 600 Watt* garen. Schinken würfeln und mit den Kräutern zugeben. Weitere *4 Minuten bei 600 Watt* in das Gerät stellen. Zwischendurch ein- bis zweimal umrühren, damit alles gleichmäßig gart. Dann die Suppe mit Salz, Pfeffer, Worcestersauce und Crème fraîche abschmecken. Brot in kleine Würfel schneiden und mit der Butter offen *5 Mi-*

nuten bei 600 Watt rösten. Über die Suppenportion streuen.

302 kcal / 1264 kJ

ZWISCHENMAHLZEIT:

1 Scheibe Knäckebrot mit 2 EL körnigem Frischkäse und 1 kleinen, geraspelten Möhre unter den Frischkäse gemischt.

106 kcal / 444 kJ

ABENDESSEN:

Kartoffelsoufflé mit Pflaumen

2 mittelgroße Kartoffeln, 120 g
⅛ l fettarme Milch
150 g frische oder ohne Zucker eingemachte Pflaumen
1 Ei, Gew.-Kl. 4
1 Msp gemahlene Vanille (aus dem Reformhaus)
1 EL Zitronensaft
einige Tropfen flüssiger Süßstoff
1 Msp Zimtpulver

Kartoffeln schälen und in Scheibchen schneiden. Mit der Milch in *8 Minuten bei 600 Watt* garen — zwischendurch ein- bis zweimal umrühren. Noch heiß durch ein Sieb drücken. Pflaumen waschen, entsteinen und in Achtel schneiden. Eigelb unter die Kartoffelmasse mischen, diese mit Vanille, Zitronensaft und flüssigem Süßstoff abschmecken. Eiweiß zu steifem Schnee schlagen und unter die Kartoffelmasse ziehen, ebenfalls die Hälfte der Früchte. In einen Mikrowellentopf füllen und zugedeckt *2 Minuten bei 600 Watt* garen. Dabei nach 1 Minute stoppen, 1 Minute stehenlassen und die letzte Minute einschalten. Restliche Pflaumen mit dem Pürierstab oder im Alleszerkleinerer pürieren, eventuell mit 2 EL Wasser strecken. Das Soufflé mit Zimt bestreuen und mit der Pflaumensauce genießen.

327 kcal/1368 kJ

7. TAG

FRÜHSTÜCK:

Knäckebrot mit Leberwurst

2 Scheiben Knäckebrot
30 g kalorienreduzierte
Landleberwurst (›Du darfst‹)

2 Pfeffergürkchen
1 kleines Glas Buttermilch, ⅛ l

Knäckebrot mit Leberwurst bestreichen und mit den aufgeschnittenen Gürkchen belegen. Dazu die Buttermilch trinken. Nach Wunsch noch Kaffee oder Tee ohne Milch und Zucker.

196 kcal/821 kJ

ZWISCHENMAHLZEIT:

1 mittelgroße Orange, 150 g

80 kcal/335 kJ

MITTAGESSEN:

Kartoffeln mit Putengeschnetzeltem

100 g Putenschnitzel
1 mittelgroße Zwiebel, 50 g
1 TL Öl
Gemüsebrühe, Instant
1 Msp Ingwerpulver
1 Msp gemahlener Koriander
2 Aprikosen (eventuell auch getrocknet und vorher eingeweicht)
Salz
schwarzer Pfeffer aus der Mühle
1 große Kartoffel, 100 g
1 gute Msp Currypulver
1 Spritzer flüssiger Süßstoff
1 TL Zitronensaft
2 EL Kondensmilch, 4 % Fett i. Tr.
1 Stengel Petersilie

Das Schnitzel halbieren und in feine Streifen schneiden. Zwiebel schälen und würfeln. Mit dem Öl in einen Mikrowellentopf geben und offen *2 Minuten bei 600 Watt* glasig werden lassen. Dann das Putenfleisch zugeben, ⅛ l Gemüsebrühe zugießen und Ingwer und Koriander unterrühren. *4 Minuten bei 600 Watt* vorgaren. In der Zwischenzeit die Aprikosen waschen, entsteinen und vierteln. Die Kartoffeln schälen und würfeln. Beides unter das Fleisch mischen, etwas Salz und Pfeffer zugeben und weitere *8 Minuten bei 600 Watt* garen. Mit Curry, 2—3 Tropfen Süßstoff, Zitrone, Kondensmilch abschmecken. Petersilie hacken und darüberstreuen.

318 kcal/1331 kJ

ZWISCHENMAHLZEIT:

2 Vollkornzwiebäcke mit 1 TL zuckerfreiem Fruchtaufstrich

98 kcal/410 kJ

ABENDESSEN:
Kartoffel-Krabben-Gratin mit Salat
(Foto Seite 173)

2 mittelgroße Kartoffeln, 120 g
5 EL Magermilch
Salz
frischgemahlener Pfeffer
50 g Krabben
1 kleines Eigelb, Gew.-Kl. 4
1 EL gemischte TK-Kräuter, 8 Kräuter
1 TL gehackter frischer Thymian oder 1 Msp getrockneter
2 TL Crème fraîche
1 Prise Knoblauchpulver
1 große Portion Blattsalat
1 TL Olivenöl
1—2 EL Sherryessig
1 EL TK-Kräuter oder frische Kräuter

Die Kartoffeln fein schälen und in dünne Scheiben schneiden. Mit 3 EL Milch zugedeckt in der Mikrowelle *3 Minuten bei 600 Watt* vorgaren. Dann mit Salz und Pfeffer bestreuen. Krabben abspülen, das Wasser gut abschütteln und die Krabben mit der restlichen Milch, dem Eigelb, den Kräutern, der Crème fraîche, etwas Salz, Pfeffer und Knoblauchpulver vermischen und auf die Kartoffeln geben. Bei einem Mikrowellengerät mit Grill die Form offen auf den Rost, Einschubhöhe 2, schieben und das Gratin bei *Grillstufe 3 und*

600 Watt 5 Minuten, bei einem reinen Mikrowellengerät *6 Minuten bei 600 Watt* gratinieren. Den Blattsalat mit einer Marinade aus Öl, Essig, Kräutern sowie Salz und Pfeffer vermischen.

337 kcal/1410 kJ

8. TAG

FRÜHSTÜCK:

Knäckebrot mit Putenaufschnitt

2 Scheiben Knäckebrot
1 Msp Senf
2 Scheiben Putenaufschnitt, 30 g
1 mittelgroße Tomate, 75 g
Salz
Pfeffer aus der Mühle
1 EL Schnittlauchröllchen

Knäckebrotscheiben sehr dünn mit Senf bestreichen und mit dem Putenaufschnitt belegen. Tomate abspülen, in Scheiben schneiden, mit Salz, Pfeffer und Schnittlauch bestreuen und zum Knäckebrot essen. Dazu nach Wunsch Kaffee oder Tee ohne Milch und Zucker.

140 kcal/586 kJ

ZWISCHENMAHLZEIT:

1 Banane   135 kcal/565 kJ

MITTAGESSEN:
Kohlrabi-Kartoffel-Eintopf

1 mittelgroße Kohlrabi, 200 g
1 größere Kartoffel, 150 g
Gemüsebrühe, Instant
Salz
Pfeffer aus der Mühle
1 Prise geriebene Muskatnuß

2 Scheiben gekochter Schinken ohne Fettrand, 40 g (oder Putenaufschnitt)
2 EL kalorienreduzierte Sahne, 10 % Fett i. Tr.
½ Bund glatte Petersilie
1 TL geriebener Parmesankäse

Kohlrabi schälen und in Scheibchen schneiden, ebenfalls die Kartoffel. Beide mit ½ Tasse Gemüsebrühe in einen Mikrowellentopf geben und zugedeckt *7 Minuten bei 600 Watt* garen. Zwischendurch umrühren. Den Schinken würfeln und untermischen. Alles mit Salz, Pfeffer und Muskat abschmecken. Sahne unterrühren, mit dem Parmesan bestreuen und noch *1½ Minuten bei 600 Watt* erhitzen. Mit gehackter Petersilie bestreut servieren.

330 kcal / 1381 kJ

ZWISCHENMAHLZEIT:

Rohkost aus 1 Möhre, ½ Apfel und 2 TL Zitronensaft. Dazu 1 Scheibe Knäckebrot

96 kcal / 402 kJ

ABENDESSEN:

Rheinische Kartoffelsuppe mit Buttermilch

2 mittelgroße Kartoffeln, 120 g
1 kleine Möhre, 50 g
100 g grüne TK- oder frische Prinzeßbohnen
1 TL Butter
Gemüsebrühe, Instant
Salz
Pfeffer aus der Mühle
¼ l Buttermilch
1 TL Zitronensaft
1 kalorienreduzierte Scheibe Toast

Kartoffeln und Möhre schälen und sehr klein würfeln. Mit den geputzten und in Stückchen geschnittenen Bohnen in den Mikrowellentopf geben. Butter und ⅛ l Brühe zugeben und zugedeckt *10 Minuten bei 600 Watt* garen. Buttermilch unterrühren, mit Salz, Pfeffer und Zitronensaft herzhaft abschmecken und nochmals *1½ Minuten bei 600 Watt* erhitzen. Das Brot toasten und dazu essen.

297 kcal/1243 kJ

9. TAG

FRÜHSTÜCK:

Vollwertsemmel mit Corned beef und Gewürzgurke

1 Vollwertsemmel, 45 g
1 TL Crème fraîche
1 Scheibe Corned beef
1 kleine Gewürz- oder Pfeffergurke

Vollwertsemmel aufschneiden, mit der Crème fraîche bestreichen und Corned beef sowie der längs in Scheiben geschnittenen Gurke belegen und zuklappen. Dazu Kaffee oder Tee ohne Milch und Zucker.

200 kcal/837 kJ

ZWISCHENMAHLZEIT:

1 mittelgroßer Apfel, 150 g

82 kcal/343 kJ

MITTAGESSEN:

Kartoffeln und Wirsing mit Würstchen

1 mittelgroße Zwiebel, 50 g
1 TL Öl
200 g Wirsing
1 große Kartoffel, 100 g
Gemüsebrühe, Instant
1 gute Msp Majoran
1 TL Sojasauce
Salz
schwarzer Pfeffer aus der Mühle
1 kalorienarmes Würstchen (›Du darfst‹)

Die Zwiebel schälen und feinwürfelig schneiden. Mit dem Öl in einen Mikrowellentopf geben und offen *2 Minuten bei 600 Watt* dünsten. Wirsing putzen und feinstreifig schneiden. Kartoffel schälen, würfeln und mit dem Wirsing vermischt zu der Zwiebel geben. ¼ l Gemüsebrühe angießen und den Majoran zugeben. Alles *10 Minuten bei 600 Watt* dünsten, zwischendurch zweimal umrühren. Mit Sojasauce, Salz und Pfeffer abschmecken. Das Würstchen in Stücke geschnitten unterrühren und den Topf noch 1 Minute zugedeckt stehenlassen. Dann servieren.

321 kcal / 1343 kJ

ZWISCHENMAHLZEIT:

2 Schwedenbrötchen zu Pfefferminz- oder schwarzem Tee

74 kcal / 310 kJ

ABENDESSEN:

Kartoffelsalat mit Apfel und Würstchen

3 mittelgroße Kartoffeln, 180 g
Gemüsebrühe, Instant
1 kleiner Apfel, 100 g
½ Bund Petersilie
2 kleine Gewürzgurken
2 EL Magerjoghurt, 1,5 % Fett i. Tr.
1—2 EL Apfelessig oder Zitronensaft
1 Msp Delikateßsenf
Salz
schwarzer Pfeffer aus der Mühle
1 kalorienarmes Würstchen (›Du darfst‹)
einige Salatblätter zum Anrichten

Kartoffeln waschen und tropfnaß in einen Mikrowellentopf geben, mit der Gabel mehrmals einstechen und 2 EL Wasser zugießen. Im geschlossenen Topf *5 Minuten bei 600 Watt* garen, zum Nachgaren noch 1 Minute im Gerät stehenlassen. Dann unter kaltem Wasser abschrecken, pellen und in Scheibchen schneiden. 2 EL Gemüsebrühe übergießen. Apfel schälen, vierteln, Kerngehäuse entfernen und die Viertel in Scheiben schneiden, ebenfalls die Gewürzgürkchen. Petersilie hacken und alles mit den Kartoffeln vermischen. Aus Joghurt, Apfelessig, Senf, Salz und Pfeffer eine Marinade bereiten und unter den Salat mischen. Würstchen in siedendem Wasser heiß werden lassen oder in der trockenen Pfanne rundum anbraten. Kartoffelsalat auf den Salatblättern anrichten, dazu das Würstchen essen.

339 kcal/1418 kJ

10. TAG

FRÜHSTÜCK:

Käse-Tomaten-Brötchen

1 Brötchen, 45 g
2 EL körniger Frischkäse
1 kleine Tomate, 50 g
Salz
Pfeffer aus der Mühle

Das Brötchen aufschneiden und jede Hälfte mit Frischkäse und Tomatenscheiben belegen, mit Salz und Pfeffer würzen. Dazu nach Geschmack Tee oder Kaffee ohne Milch und Zucker.

195 kcal/816 kJ

ZWISCHENMAHLZEIT:

1 Grapefruit, aufgeschnitten und jede Hälfte mit 1 TL Honig auslöffeln.

116 kcal/485 kJ

MITTAGESSEN:
Kartoffel-Zucchini-Gemüse

2 mittelgroße Kartoffeln, 120 g
2 Zucchini, 200 g
1 mittelgroße Zwiebel, 50 g
1 TL Olivenöl
Gemüsebrühe, Instant
1 EL Zitronensaft
2 TL Crème fraîche
Salz
Pfeffer aus der Mühle
½ Bund frischer Dill
40 g Bulgarischer oder Korsischer Schafskäse, 50 % Fett i. Tr.

Die Kartoffeln schälen und würfeln. Die Zucchini nur leicht abschaben, abspülen und in Scheiben schneiden. Zwiebel schälen und fein würfeln. Mit dem Olivenöl im Mikrowellentopf vermischen und offen *2 Minuten bei 600 Watt* glasig werden lassen. Gemüse untermischen, 4 EL Brühe zugießen und alles im geschlossenen Topf *10 Minuten bei 600 Watt* garen. Zwischendurch einmal umrühren. Mit Zitronensaft, Crème fraîche, Salz, Pfeffer abschmecken und den gehackten Dill unterrühren. Den Schafskäse darüberbröckeln.

300 kcal / 1088 kJ

ZWISCHENMAHLZEIT:

1 Magermilchjoghurt mit 2 TL zuckerfreiem Fruchtaufstrich verrührt

88 kcal / 368 kJ

ABENDESSEN:

Kartoffel-Püree mit Champignons

2 mittelgroße Kartoffeln, 120 g
⅛ l Magermilch, 1,5 % Fett i. Tr.
Salz
Pfeffer aus der Mühle
1 Prise Muskatnuß
1 mittelgroße Zwiebel, 50 g

1 TL Butter
1 dünne Scheibe roher Schinken, 15 g
100 g Champignons
Gemüsebrühe, Instant
2 TL Crème fraîche
2 EL gehackte Petersilie

Kartoffeln schälen und in Scheiben schneiden. Milch angießen und im zugedeckten Mikrowellentopf *8 Minuten bei 600 Watt* garen. Währenddessen zweimal den Garprozeß unterbrechen und die Kartoffeln umrühren. Alles durch ein Sieb passieren und das Püree eventuell noch mit 1—2 EL heißem Wasser geschmeidiger machen, mit Salz, Pfeffer und Muskat abschmecken und warm stellen. Zwiebel schälen und klein würfeln, mit der Butter im offenen Topf *2 Minuten bei 600 Watt* glasig dünsten. Schinken würfeln und zugeben, ebenfalls die geputzten und in Scheibchen geschnittenen Champignons. 3 EL Gemüsebrühe zugießen und alles *3 Minuten bei 600 Watt* garen. Crème fraîche und die gehackte Petersilie untermischen und alles auf dem Püree anrichten.

325 kcal/1360 kJ

11. TAG

FRÜHSTÜCK:

Käse-Toast und Joghurt

1 Scheibe kalorienreduziertes Toastbrot, 20 g (z. B. Slank)
1 TL Tomatenmark

1 Käse-Scheiblette, 20 g, kalorienreduziert, 20 % Fett i. Tr.
1 Magermilchjoghurt, 150 g
1 TL Honig

Brotscheibe toasten, mit Tomatenmark bestreichen und dem Käse belegen. Joghurt mit Honig anrühren. Zu allem Kaffee oder Tee ohne Milch und Zucker.

197 kcal/824 kJ

ZWISCHENMAHLZEIT:

1 dicker Pfirsich oder 1 mittelgroße Orange

75 kcal/314 kJ

MITTAGESSEN:

Kartoffel-Linsen-Eintopf mit Curry

50 g getrocknete grüne Linsen, über Nacht eingeweicht
1 mittelgroße Zwiebel, 50 g
1 TL Olivenöl
3 mittelgroße Tomaten, 150 g
2 mittelgroße Kartoffeln, 120 g
Gemüsebrühe, Instant
½ TL frischer gehackter oder 1 Msp getrockneter Thymian
1 gehäufter TL Tomatenmark
1 TL Madras-Currypulver oder ¼ TL Currypaste
½ TL Paprikapulver, edelsüß
Salz
Pfeffer aus der Mühle

Linsen am Vortag abspülen und mit ⅜ l Wasser bedeckt quellen lassen. Zwiebel schälen, würfeln, im Mikrowellentopf mit dem Öl vermischen und ohne Deckel in *2 Minuten bei 600 Watt* glasig werden lassen. Tomaten mit kochendem Wasser überbrühen, abschrecken und enthäuten, in Würfel schneiden. Beides mit Linsen und Einweichwasser zu den Zwiebelwürfeln geben. 1 TL gekörnte Gemüsebrühe, Thymian und das Tomatenmark unterrühren und alles *10 Minuten bei 600 Watt* garen. Zwischendurch einmal umrühren. Das Gericht mit Curry, Paprikapulver, Salz und Pfeffer herzhaft würzen, evtl. noch 1 Minute bei 600 Watt erhitzen und servieren.

325 kcal / 1360 kJ

ZWISCHENMAHLZEIT:

100 g Magerquark mit 2—3 EL Orangen- oder Apfelsaft ohne Zuckerzusatz glattgerührt, mit Süßstoff gesüßt und 1 kleingeschnittenen Aprikose oder 3—4 Erdbeeren oder 1 TL zuckerfreiem Fruchtaufstrich verrührt.

116 kcal/485 kJ

ABENDESSEN:
Kartoffelsuppe mit Huhn

2 dicke Kartoffeln, 200 g
1 Päckchen TK-Suppengrün, 50 g
³/₈ l Hühnerbrühe, Instant
100 g Hähnchenbrust
1 TL Butter
Salz
Pfeffer aus der Mühle
1 Prise gemahlener Koriander
2 EL kalorienreduzierte Sahne, 10 % Fett i. Tr.
2 Stengel frischer Koriander, ersatzweise frische Petersilie

Kartoffeln schälen und klein würfeln. Mit dem Suppengrün und der Brühe in den Mikrowellentopf geben. *10 Minuten bei 600 Watt* garen. Hähnchenbrust schnetzeln und mit dem TL Butter in einer beschichteten Pfanne rundum kurz anbraten. Die Suppe durch ein Sieb streichen oder mit dem Pürierstab pürieren. Mit Salz, Pfeffer und Koriander abschmecken. Hühnenfleisch hineingeben und alles nochmals *1 Minute bei 600 Watt* erhitzen. Sahne leicht schlagen und unter die Suppe rühren. Korianderblättchen ohne die harten Stengel oder Petersilie fein hacken und ebenfalls in die Suppe rühren, sofort servieren.

343 kcal/1435 kJ

12. TAG

FRÜHSTÜCK:

Rührei mit Schinken

1 Ei, Gew.-Kl. 4
1 dünne Scheibe roher
Schinken ohne Fett, 15 g
Salz
schwarzer Pfeffer aus der
Mühle

1 Prise Muskat
½ EL Schnittlauchröllchen
1 Scheibe Knäckebrot
1 kleine Tomate, 50 g

Ei mit 2—3 EL Wasser in einem Suppenteller verquirlen, Schinken feinwürfelig schneiden, unterheben und alles mit wenig Salz, Pfeffer und Muskat würzen. *2 Minuten bei 600 Watt* in der Mikrowelle stocken lassen, zwischendurch dreimal das Ei umrühren. Knäckebrot und aufgeschnittene Tomate zum Ei essen. Dazu gibt es als Frühstücksgetränk Kaffee oder Tee ohne Milch und Zucker.

167 kcal/699 kJ

ZWISCHENMAHLZEIT:

200 g Honigmelone mit 1 dünnen Scheibe rohem Schinken ohne Fettrand, 15 g

98 kcal/410 kJ

MITTAGESSEN:

Kartoffel-Bohnen-Eintopf mit Putenfleisch

1 mittelgroße Zwiebel, 50 g
1 TL Olivenöl
100 g Putenschnitzel
2 mittelgroße Kartoffeln, 120 g
200 g grüne Bohnen
Gemüsebrühe, Instant
1 gute Msp scharfes Paprikapulver
½ TL getrockneter Thymian
Pfeffer aus der Mühle
1 Stengel frisches Bohnenkraut oder ½ TL getrocknetes, ersatzweise Oregano
Salz

Zwiebel schälen und fein würfeln, mit dem Olivenöl vermischt im Mikrowellentopf ohne Deckel *2 Minuten bei 600 Watt* glasig dünsten. Putenschnitzel in feine Streifchen schneiden, unterheben, Kartoffeln schälen und würfeln. Bohnen putzen und in Stücke schneiden. Alles mit ⅛ l Brühe in den Topf geben, Paprikapulver und Thymian unterrühren und *14 Minuten bei 600 Watt* garen. Zwischendurch dreimal umrühren. Noch 1 Minute im Gerät stehenlassen. Dann mit Salz, reichlich Pfeffer und dem abgezupften und gehackten Bohnenkraut bzw. Oregano abschmecken. Nochmals *1 Minute bei 600 Watt* erhitzen und servieren.

327 kcal / 1368 kJ

ZWISCHENMAHLZEIT:

200 g Melone, gewürfelt und mit ½ Becher Magermilchjoghurt und einigen Tropfen Zitronensaft vermischt.

82 kcal/343 kJ

ABENDESSEN:
Kartoffel-Paprikagemüse mit Fleischbällchen

1 große Kartoffel, 100 g
1 rote Paprikaschote, 150 g
2 Frühlingszwiebeln
1 kleine Knoblauchzehe
1 TL Olivenöl
Gemüsebrühe, Instant
1 TL Kräuter der Provence oder italienische Kräuter
Salz
Pfeffer aus der Mühle
100 g Tatar
½ EL Magerquark
1 EL gehackte Petersilie
1 Prise Kreuzkümmel
1 Msp Paprikapulver, edelsüß
1 Prise Cayennepfeffer

Kartoffel schälen und würfeln. Die Paprikaschote putzen, vierteln und in Streifchen schneiden. Zwiebeln putzen und in Ringe schneiden. Alles mit Olivenöl vermischt zugedeckt *5 Minuten bei 600 Watt* vorgaren. ⅛ l Brühe zugießen, Kräuter, Salz und Pfeffer unterrühren. Tatar mit Quark, Petersilie, Salz, Pfeffer, Kreuzkümmel, Paprika und Cayennepfeffer verkneten, kleine Bällchen formen und zwischen das Gemüse betten. Topf zudecken und alles noch *6 Minuten bei 600 Watt* garen. Mit der restlichen Petersilie bestreut servieren.

335 kcal/1402 kJ

13. TAG

FRÜHSTÜCK:

Vollkornbrot mit Kräuterquark und Tomate

1 Scheibe Vollkornbrot, 45 g
1 EL Magerquark
Salz
Pfeffer aus der Mühle
2 EL frischgehackte Kräuter, Schnittlauch, Dill und Petersilie
1 mittelgroße Tomate, 75 g
1 kleines Glas (0,1 l) Orangensaft ohne Zuckerzusatz

Quark mit 2—3 EL Wasser, Salz, Pfeffer und den Kräutern verrühren und das Brot damit dick bestreichen. Dazu die in Achtel geschnittene Tomate essen. Den Orangensaft möglichst auf nüchternen Magen trinken. Erlaubte Getränke außerdem: Kaffee oder Tee ohne Milch und Zucker.

206 kcal/862 kJ

ZWISCHENMAHLZEIT:

2 Schwedenbrötchen und 1 TL zuckerfreier Fruchtaufstrich

94 kcal/393 kJ

MITTAGESSEN:
Sahne-Kartoffeln mit Schweinefilet

1 große Kartoffel, 100 g
Salz
Pfeffer aus der Mühle
3 EL kalorienreduzierte (10 % Fett i. Tr.) Sahne
100 g Schweinefilet
1 knapper TL Delikateßsenf
1 TL Olivenöl
½ TL frischer gehackter oder 1 Msp getrockneter Majoran
1 große Portion Blattsalat
½ Bund Radieschen
Zitronensaft
reichlich Schnittlauchröllchen

Kartoffel schälen, vierteln und in Scheibchen schneiden. Mit 7 EL Wasser in einen Mikrowellentopf geben, leicht salzen, mit etwas Pfeffer bestreuen und zugedeckt *7 Minuten bei 600 Watt* garen. Zwischendurch einmal umrühren. Nach dem Garen noch 1 Minute im Gerät stehenlassen. Dann Sahne und 1 EL Wasser zugeben und mit der Gabel etwas verkneten. Schweinefilet mit einer Mischung aus Senf, Öl, Salz, Pfeffer und dem Majoran einreiben und in einer beschichteten Pfanne von beiden Seiten — je nach Dicke — 3—4 Minuten braten. Salat putzen, waschen und mit den ebenfalls geputzten und gewaschenen und in Scheibchen geschnittenen Radieschen vermengen, mit Zitronensaft, Salz, Pfeffer und den Kräutern vermischt zu Sahne-Kartoffeln und Fleisch reichen.

355 kcal/1485 kJ

ZWISCHENMAHLZEIT:

1 Magermilchjoghurt mit 1 TL zuckerfreiem Fruchtaufstrich

74 kcal/310 kJ

ABENDESSEN:
Feine Kartoffel-Erbsen-Suppe mit Würstchen

1 mittelgroße Zwiebel, 50 g
1 TL Öl
1 dicke Kartoffel, 100 g
1 kleines Päckchen grüne TK-Zuckererbsen, 100 g
Hühnerbrühe, Instant
Salz
Pfeffer
2 EL kalorienreduzierte Sahne, 10 % Fett i. Tr.
2—3 Blatt frische Minze oder 1 Msp getrocknete
1 kalorienreduziertes Würstchen (z. B. ›Du darfst‹)

Zwiebel schälen und klein würfeln. Mit dem Öl vermischt offen im Mikrowellentopf *2 Minuten bei 600 Watt* glasig werden lassen. Kartoffel schälen, vierteln und in Scheibchen schneiden. ⅔ der Erbsen mit den

Paprika mit buntem Kartoffelpüree ▷
(Rezept S. 163)

Kartoffeln und ⅜ l Hühnerbrühe zu den Zwiebeln geben und zugedeckt *12 Minuten bei 600 Watt* garen. Dann mit dem Pürierstab pürieren oder durch ein Sieb drücken. Suppe mit Salz und Pfeffer abschmecken. Restliche Erbsen zugeben und nochmals kurz *1 Minute bei 600 Watt* erhitzen. Sahne und in Scheiben geschnittenes Würstchen untermischen. Zugedeckt 2 Minuten stehenlassen und mit in Streifchen geschnittenen oder der getrockneten Minze bestreut servieren.

358 kcal / 1498 kJ

14. TAG

FRÜHSTÜCK:

Honigbrötchen und Tomatensaft

1 Vollwertbrötchen, 45 g *1 TL Zitronensaft*
1 TL Honig *schwarzer Pfeffer*
1 Glas Tomatensaft, 0,2 l

Brötchen mit Honig bestreichen. Tomatensaft mit Zitronensaft und Pfeffer würzen. Als zusätzliches Getränk: Kaffee oder Tee ohne Milch und Zucker.

210 kcal / 879 kJ

ZWISCHENMAHLZEIT:

2 Schwedenbrötchen   80 kcal / 335 kJ

MITTAGESSEN:

Kartoffel-Möhrenflan auf Tomatensauce

1 mittelgroße Zwiebel, 50 g
1 TL Sonnenblumenöl
2 mittelgroße Tomaten, 150 g
Salz
schwarzer Pfeffer aus der Mühle
1 TL Balsamico-Essig
5—6 Basilikumblätter
1 große Kartoffel, 100 g
2 kleine Möhren, 100 g
Gemüsebrühe, Instant
1 Ei, Gew.-Kl. 4
2 EL Magerquark
1 Prise Muskat
½ TL Zitronensaft
1 EL sehr feingehackte Petersilie
2—3 Tropfen Öl zum Auspinseln

Zwiebel schälen und klein würfeln, mit ½ TL Öl vermischt im offenen Mikrowellentopf *2 Minuten bei 600 Watt* glasig werden lassen. Tomaten mit kochendem Wasser übergießen, kurz stehenlassen, abschrecken und pellen. Die Stielansätze herausschneiden und das Tomatenfleisch würfeln. Zu der Zwiebel geben und alles zugedeckt *3 Minuten bei 600 Watt* garen. Dann mit dem Pürierstab durcharbeiten oder durch ein Sieb streichen und die Sauce mit Salz, Pfeffer und Essig würzen.

Für den Flan die zweite Zwiebel schälen und klein würfeln, mit dem restlichen Öl vermischt ebenfalls *2 Minuten bei 600 Watt* im offenen Topf glasig werden lassen. Kartoffel und Möhren schälen und würfeln bzw. in Scheibchen schneiden und zufügen. 8 EL Brühe zugeben und zugedeckt *10 Minuten bei 600 Watt* weich dünsten. Dann durch ein Sieb drücken oder im

Blitzhacker zerkleinern. Unter das Püree Eigelb, Quark und Petersilie rühren und mit Pfeffer, Salz, Muskat und Zitronensaft würzen. Eiweiß zu steifem Schnee schlagen und unterheben. Püree in eine mit wenig Öl ausgepinselte kleine hohe Form oder in ein Porzellanschüsselchen geben. Mit Mikrowellenfolie oder einem Porzellanteller abdecken und den Flan in *3 Minuten bei 360 Watt* fest werden lassen. Die Tomatensauce nochmals *1 Minute bei 600 Watt* erhitzen. In feine Streifchen geschnittenes Basilikum unterrühren und auf einen Teller geben. Darauf vorsichtig den Flan stürzen.

335 kcal / 1402 kJ

ZWISCHENMAHLZEIT:

1 kleine Banane, 150 g

ABENDESSEN:

Kartoffelsuppe mit Lachs

*1 mittelgroße Zwiebel,
50 g
1 TL Butter
2 mittelgroße Kartoffeln,
120 g
Hühnerbrühe, Instant
2 TL Crème fraîche
Salz*

*Pfeffer aus der Mühle
Worcestersauce
1 TL Zitronensaft
1 Msp Cayennepfeffer
1 Stengel Dill oder
¼ Kästchen Kresse
50 g geräucherter Lachs*

Zwiebel schälen, klein würfeln und mit der Butter im offenen Mikrowellentopf in *2 Minuten bei 600 Watt* glasig werden lassen. Kartoffeln schälen, vierteln und in Scheibchen schneiden. Mit ¼ l Hühnerbrühe zu der Zwiebel geben und alles *10 Minuten bei 600 Watt* garen. Kartoffeln durch ein Sieb geben, samt der Brühe. Crème fraîche unterrühren und die Suppe mit Worcestersauce, Zitronensaft, Cayennepfeffer pikant abschmecken. Die Hälfte vom Dill oder von der Kresse hacken. Suppe nochmals *1 Minute bei 600 Watt* erhitzen. Dill hineingeben und die Suppe in einen vorgewärmten Suppenteller gießen. Lachs in dünne Streifen schneiden und hineingeben, mit den übrigen Dillspitzen garnieren.

318 kcal/1331 kJ

Alphabetisches Register der Kartoffelrezepte

Bauernomelett 33
Bauernsalat, griechischer 101
Béchamelkartoffeln mit Rote Bete 179
Bratkartoffeln und Gurkensalat mit Krabben 83

Fenchel, gefüllter, auf Kartoffelpüree 119
Folienkartoffeln mit Kaviar und Salat 86
– mit Knoblauch-Pfeffer-Steak 104
Forelle in Folie mit Pellkartoffeln 126

Güveç, Kartoffel-Gemüse-Eintopf aus dem Ofen 123

Irish Stew 91

Käsepüree mit Paprika-Gurken-Salat 130
Kartoffel mit Spargel 147
– mit Spinat, Ei und Parmesankäse 177
– nach Art Cordon bleu 89
– und Rohkost mit Dip 34
Kartoffel-Aprikosen-Omelett 150
Kartoffel-Auberginen-Moussaka 107
Kartoffel-Auberginen-Zucchini-Auflauf 138
Kartoffel-Bohnen-Eintopf mit Putenfleisch 202
Eintopf-Bohnen-Tomaten-Salat 98
Kartoffel-Brokkoli-Auflauf 82
Kartoffel-Brokkoli-Gemüse mit Schinken 175
Kartoffel-Brokkoli-Suppe 136
Kartoffeleintopf, fernöstlicher 153
– mit Frühlings-Rahmgemüse 79
Kartoffel-Erbsen-Suppe, feine, mit Würstchen 206
Kartoffel-Fisch-Eintopf nach toskanischer Art 110
Kartoffel-Fisch-Salat 66
Kartoffel-Frittata, italienische, mit Zucchini 97
Kartoffel-Frühlingssalat mit Frischkäse 43
Kartoffel-Geflügel-Brokkoli-Pfanne 132
Kartoffel-Geflügel-Topf nach provenzalischer Art 100
Kartoffel-Gemüse-Minestrone 57

Kartoffel-Gemüse-Salat 145
–, knackiger 108
– mit Räucherlachs 80
Kartoffelgratin mit Hacksteak und Bleichsellerie 116
– mit Kräutern 159
– mit Schinken und Salat 168
Kartoffel-Gurken-Salat, pikanter 124
Kartoffel-Käse-Salat 140
Kartoffel-Kohlrabi-Suppe mit Safran 154
Kartoffel-Krabben-Salat 59
Kartoffel-Krabben-Gratin mit Salat 188
Kartoffel-Lauch-Gemüse 148
Kartoffel-Linsen-Eintopf mit Curry 199
Kartoffel-Möhrenflan auf Tomatensauce 209
Kartoffel-Möhren-Suppe 169
Kartoffeln, gefüllte, mit Champignons 48
–, –, und Salat 182
–, in Dampf gegarte, und Gemüse mit Joghurt-Sauce 156
– mit Putengeschnetzeltem 187
– und Wirsing mit Würstchen 193
Kartoffel-Paprika-Eintopf 171
–, ungarischer 42
Kartoffel-Paprikagemüse mit Fleischbällchen 203
Kartoffel-Paprika-Salat 63
Kartoffel-Paprika-Tortilla 113
Kartoffel-Püree mit Champignons 197
Kartoffel-Quark-Auflauf mit Apfel 160
Kartoffelrahmsuppe mit Shiitake-Pilzen 93
Kartoffelrösti mit Tomatensalat 49
Kartoffelsalat mit Apfel und Würstchen 194
– mit frischen Champignons 157
– mit Matjes 90
– mit Sojabohnen 162
– mit Sojasprossen und Putenfleisch 69
– nach Schweizer Art 56
–, pikanter, mit Parmaschinken 133
–, warmer, mit Würstchen 172
Kartoffel-Sauerkraut-Eintopf 144
Kartoffel-Schinken-Salat 31
Kartoffel-Sellerie-Cremesuppe 74
Kartoffelsoufflé mit Pflaumen 185
Kartoffel-Spargel-Suppe 151
Kartoffel-Spinat-Suppe 114
Kartoffelsuppe mit Croûtons 184
– mit Huhn 200
– mit Käsebrot 127
– mit Lachs 211
– mit Tomate 46

- mit Vollkornbrötchen 105
- , rheinische, mit Buttermilch 191

Kartoffel-Tomaten-Salat mit gefülltem Ei 87
Kartoffel-Wurst-Pfanne mit Spinat 70
Kartoffel-Zucchini-Gemüse 196
Kohlrabi-Kartoffel-Eintopf 190
Kräuterkartoffelpüree mit Möhrenrohkost 37

Paprika mit buntem Kartoffelpüree 163
Paprikarohkost mit Pellkartoffeln 120
Pellkartoffeln mit Fleischspieß und Rahmchampignons 135
- mit gebratenem Fisch und Salat 64
- mit geräucherter Forelle und Meerrettichquark 30
- mit Hackfleischsauce und Salat 60
- mit Kalbsgeschnetzeltem und Pfifferlingen 73
- mit Quark und Salat 45
- mit Sauerkraut und Rindersaftschinken 35
- und Rindermedaillons mit Kiwi-Pfeffer-Sauce 76

Röstkartoffeln, Köfte (türkische Frikadellen) und Gemüsepfanne 129
- mit Feldsalat und Schinken 77
- mit Putenschnitzel und Möhren 67
Rotbarsch im Kartoffelbett 181

Sahnekartoffeln mit Schweinefilet 205
Skordalia, griechisches Kartoffelpüree auf Blattsalat 117

Tomaten, gratinierte, im grünen Kartoffelbett 176
Tsatsiki mit Röstkartoffeln 111

Register nach Sachgruppen

FRÜHSTÜCK

Apfel-Müsli 137
Apfelquark mit Knäckebrot 143
Bananenmilch mit Schwedenbrötchen 170
Brötchen mit Honig 146
– mit Schinkenröllchen 88
Corned beef-Brot mit Ei 125
Cornflakes 177
Croissant mit Milchkaffee 115
Ei im Glas mit Knäckebrot 158
Erdbeermüsli 122
Frischkäse-Kräuter-Brot 134
Honigbrötchen 96
– und Tomatensaft 208
Honigbrot 47
Honig-Croissant 65
Joghurt mit Früchten 131
Käsebrot mit Ei 29
– und Grapefruit 81
– und Melone 68
Käse-Schinken-Brötchen 78
Käse-Toast und Joghurt 198
Käse-Tomaten-Brötchen 195
Käse-Tomaten-Brot und Pfirsich 118
Kahvalti 106
Knäckebrot mit Leberwurst 186
– mit Putenaufschnitt 189
– mit Radieschen und Frischkäse 149
– und Quark 167
Kräuter-Käse-Knäcke mit Grapefruit 44
Marmeladenbrötchen 32
Melone mit Parmaschinken und Vollkornbrot 128
Müsli mit Backpflaumen 180
– mit Banane 152
– mit Melone 112
Orangenmüsli 62
Orangensaft und Knäckebrot 174
Pfirsichmüsli 102
Quark mit Birne und Haferflocken 161
Quark-Kressebrot und Möhrensaft 91
Quarkmüsli mit Apfel 41
Rosinenbrötchen 75
Rührei mit Schinken 72, 201
Schinkenbrot mit Tomate 99
Spiegelei und Buttertoast 58
Toast mit Corned beef und Orangensaft 55
Vollkornbrot mit Apfel-Frischkäse 84
– mit Apfelquark und Erdbeeren 183
– mit Kräuterquark und Tomate 204

– mit Pflaumenmus und Quark 155
– und Ei 109
Vollwertsemmel mit Corned beef und Gewürzgurke 192
Wurstbrötchen 35

KARTOFFELSUPPEN

Kartoffel-Brokkoli-Suppe 136
Kartoffel-Gemüse-Minestrone 57
Kartoffel-Kohlrabi-Suppe mit Safran 154
Kartoffelrahmsuppe mit Shiitake-Pilzen 93
Kartoffel-Sellerie-Cremesuppe 74
Kartoffel-Spargel-Suppe 151
Kartoffel-Spinat-Suppe 114
Kartoffelsuppe mit Käsebrot 127
– mit Tomate 46
– mit Vollkornbrötchen 105

KARTOFFELSALATE

Bauernsalat, griechischer 101
Kartoffel-Bohnen-Tomaten-Salat 98
Kartoffel-Fisch-Salat 66
Kartoffel-Frühlingssalat mit Frischkäse 43
Kartoffel-Gemüse-Salat 145
–, knackiger 108
– mit Räucherlachs 80
Kartoffel-Gurken-Salat, pikanter 124
Kartoffel-Käse-Salat 140
Kartoffel-Krabben-Salat 59
Kartoffel-Paprika-Salat 63
Kartoffelsalat mit frischen Champignons 157
– mit Matjes 90
– mit Sojabohnen 162
– mit Sojasprossen und Putenfleisch 69
– nach Schweizer Art 56
–, pikanter, mit Parmaschinken 133
Kartoffel-Schinken-Salat 31
Kartoffel-Tomaten-Salat mit gefülltem Ei 87

GERICHTE MIT PELLKARTOFFELN

Forelle in Foilie mit Pellkartoffeln 126
Kartoffel mit Spargel 147
– und Rohkost mit Dip 34
Paprikarohkost mit Pellkartoffeln 120
Pellkartoffeln mit Fleischspieß und Rahmchampignons 135
– mit gebratenem Fisch und Salat 64
– mit geräucherter Forelle und Meerrettichquark 30

- mit Hackfleischsauce und Salat 60
- mit Kalbsgeschnetzeltem und Pfifferlingen 73
- mit Quark und Salat 45
- mit Sauerkraut und Rindersaftschinken 35
- und Rindermedaillons mit Kiwi-Pfeffer-Sauce 76

EINTOPFGERICHTE

Irish Stew 91
Kartoffeleintopf, fernöstlicher 153
- mit Frühlings-Rahmgemüse 79
Kartoffel-Fisch-Eintopf nach toskanischer Art 110
Kartoffel-Geflügel-Topf nach provenzalischer Art 100
Kartoffel-Lauch-Gemüse 148
Kartoffeln, in Dampf gegarte, und Gemüse mit Joghurt-Sauce 156
Kartoffel-Paprika-Eintopf, ungarischer 42
Kartoffel-Sauerkraut-Eintopf 144

GERICHTE MIT KARTOFFELPÜREE

Fenchel, gefüllter, auf Kartoffelpüree 119
Käsepüree mit Paprika-Gurken-Salat 130
Kräuterkartoffelpüree mit Möhrenrohkost 37
Paprika mit buntem Kartoffelpüree 163
Skordalia, griechisches Kartoffelpüree auf Blattsalat 117

KARTOFFELN AUS DER PFANNE

Bauernomelett 33
Bratkartoffeln und Gurkensalat mit Krabben 83
Kartoffel nach Art Cordon bleu 89
Kartoffel-Aprikosen-Omelett 150
Kartoffel-Frittata, italienische, mit Zucchini 97
Kartoffel-Geflügel-Brokkoli-Pfanne 132
Kartoffel-Paprika-Tortilla 113
Kartoffelrösti mit Tomatensalat 49
Kartoffel-Wurst-Pfanne mit Spinat 70
Röstkartoffeln, Köfte (türkische Frikadellen) und Gemüsepfanne 129
- mit Feldsalat und Schinken 77
- mit Putenschnitzel und Möhren 67
Tsatsiki mit Röstkartoffeln 111

KARTOFFELGERICHTE AUS DEM OFEN

Folienkartoffeln mit Kaviar und Salat 86
– mit Knoblauch-Pfeffer-Steak 104
Güveç, Kartoffel-Gemüse-Eintopf aus dem Ofen 123
Kartoffel-Auberginen-Moussaka 107
Kartoffel-Auberginen-Zucchini-Auflauf 138
Kartoffel-Brokkoli-Auflauf 82
Kartoffelgratin mit Hacksteak und Bleichsellerie 116
– mit Kräutern 159
Kartoffeln, gefüllte, mit Champignons 48
Kartoffel-Quark-Auflauf mit Apfel 160

REZEPTE FÜR DIE MIKROWELLE

Béchamelkartoffeln mit Rote Bete 179
Kartoffel mit Spinat, Ei und Parmesankäse 177
Kartoffel-Bohnen-Eintopf mit Putenfleisch 202
Kartoffel-Brokkoli-Gemüse mit Schinken 175
Kartoffel-Erbsen-Suppe, feine, mit Würstchen 206
Kartoffelgratin mit Schinken und Salat 168
Kartoffel-Krabben-Gratin mit Salat 188
Kartoffel-Linsen-Eintopf mit Curry 199
Kartoffel-Möhrenflan auf Tomatensauce 209
Kartoffel-Möhren-Suppe 169
Kartoffeln, gefüllte, und Salat 182
– mit Putengeschnetzeltem 187
– und Wirsing mit Würstchen 193
Kartoffel-Paprika-Eintopf 171
Kartoffel-Paprikagemüse mit Fleischbällchen 203
Kartoffel-Püree mit Champignons 197
Kartoffelsalat mit Apfel und Würstchen 194
–, warmer, mit Würstchen 172
Kartoffelsoufflé mit Pflaumen 185
Kartoffelsuppe mit Coûtons 184
– mit Huhn 200
– mit Lachs 211
–, rheinische, mit Buttermilch 191
Kartoffel-Zucchini-Gemüse 196
Kohlrabi-Kartoffel-Eintopf 190
Rotbarsch im Kartoffelbett 181
Sahnekartoffeln mit Schweinefilet 205
Tomaten, gratinierte, im grünen Kartoffelbett 176

HEYNE
DIÄTKOCHBÜCHER

„Abnehmen ohne zu hungern" ist die Devise der WEIGHT WATCHERS-Bewegung, nach der in der Bundesrepublik über eine Million Übergewichtige bereits erfolgreich abgenommen haben.

Heyne-Kochbuch 07/4483
282 Seiten, DM 9,80

Mit 350 Rezepten für alle, die ohne großen Zeit- und Geldaufwand kalorienbewußt, gesund und dennoch delikat essen wollen.
„Schlank mit Elan" ist eine ideale Ergänzung zum vorliegenden WEIGHT WATCHERS-KOCHBUCH.

WILHELM HEYNE VERLAG MÜNCHEN

HEYNE KOCHBÜCHER

Die größte Kochbuch-Spezialsammlung! Praktisch, handlich, preiswert

07/4500

ROTRAUD DEGNER – So kocht Deutschland
Klassische und neue Rezepte aus allen Regionen

07/4563

Axel Meyer – **Gesund frühstücken**
Vom Müsli bis zum Sonntagsbrunch
07/4578

Schwester Germana – **Wenn Engel kochen**
Himmlische Gerichte aus Italiens Küche
07/4573

Erika Casparek-Türkkan – **Der Mikrowellen Teufel**
Quarzkeramiktopf für die Mikrowelle zum Garen, Braten und Überbacken
07/4570

DIE HEYNE LÄNDERKÜCHEN 10
Ali Riza Kaya – **Türkische Küche**
07/4510

Das berühmte Kochbuch der Autorin des Bestsellers »Dornenvögel«
KOCHEN MIT COLLEEN McCULLOUGH & JEAN EASTHOPE
07/4577

YVONNE DE BLAUNAC – **Pasteten & Terrinen**
aus Fisch & Fleisch, Gemüse & Obst
07/4567

HEYNE RATGEBER

Das Kräuterbuch für die ganze Familie

Gesundheit aus der Natur mit Heilkräutern

Ein Familien-Kräuterbuch vor allem für Eltern, aber auch für alle, die die heilende Kraft der Kräuter praktisch in ihren Alltag integrieren wollen, um natürlicher und gesünder zu leben.

**Barbara & Peter Theiss:
Gesünder leben
mit Heilkräutern**
Originalausgabe
08/9201

Wilhelm Heyne Verlag München

HEYNE KOCHBÜCHER

Die größte Kochbuch-Spezialsammlung! Praktisch, handlich, preiswert

07/4571

07/4574

07/4564

07/4555

07/4575

07/4501

07/4502

07/4586

HEYNE RATGEBER

Mehr Lebensqualität.
Besser und gesünder leben

Lebenshilfe

Über alle bei Heyne erschienenen Lebenshilfe-Ratgeber
informiert ausführlich das Heyne-Gesamtverzeichnis.
Sie erhalten es von Ihrer Buchhandlung
oder direkt vom Verlag.

Wilhelm Heyne Verlag München